# 불멸의 제조업

**MK에디션**

# 불멸의 제조업

**초판 1쇄** 2023년 5월 30일

**지은이** 오수현 진영태 문재용 김금이
**펴낸이** 장승준
**펴낸곳** 매일경제신문사

**주소** 서울 중구 퇴계로 190 매경미디어센터(04627)
**편집문의** 02)2000-2521~35
**판매문의** 02)2000-2606
**등록** 2003년 4월 24일(No. 2-3759)

**ISBN** 979-11-6484-569-9(03320)

책값은 뒤표지에 있습니다.
파본은 구입하신 서점에서 교환해 드립니다.

위대한 기업을 넘어 영원한 기업으로

# 불멸의
# 제조업

**오수현 진영태 문재용 김금이** 지음

매일경제신문사

# · Contents ·

# PART 1

# 절대 포기할 수 없는
# 제조업

# 역사가 증명하는 제조업의 힘

해가 지지 않는 나라 대영제국의 최전성기 때인 1880년. 영국이 전 세계 제조업 생산량에서 차지하는 비중은 약 4분의 1에 달했다. 불과 130년 전인 1750년에는 이 같은 비중이 5%도 안 됐지만 영국의 제조업은 19세기 들어 엄청난 성장을 지속한 결과 세계 1위 제조강국 자리를 차지하게 됐다.

이는 18세기 후반 영국에서 방적기 개량을 시작으로 엄청난 기술 혁명이 일어난 결과다. 산업혁명으로 일컬어지는 이 변혁을 통해 영국의 산업은 수공업에서 기계설비를 갖춘 기계공업으로 전환됐다.

세계 최초의 산업단지라고 할 수 있는 영국 맨체스터의 트래퍼드 산업단지에서는 면방직을 시작으로 금속, 화학, 자동차 산업이 연이어 태동했다. 최전성기인 1950년대 이곳에서 일하는 노동자 수는

19세기 영국 제조업의 중심지 맨체스터 산업단지 풍경.

7만5000명에 이르렀다. 1700년부터 1850년 사이 영국 인구는 3배로 늘었고, 1800년부터 200년간 인플레이션을 감안한 1인당 평균소득은 10배로 늘었다. 제조업이 국가를 부강하게 한 견인차 역할을 한 것이다. 트래퍼드 단지는 해가 지지 않는 나라 영국을 뛰게 한 심장이었던 것이다.

실제로 제조업의 발전은 영국이 국내총생산(GDP) 세계 2위 국가로 도약하는

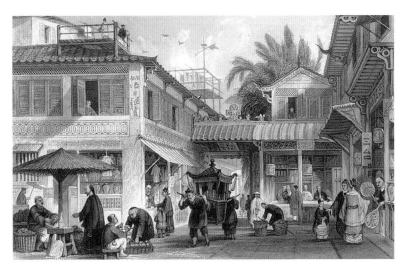
18세기 중국 제조업 중심지 광동성 포산의 거리 풍경.

발판이 됐다. 1800년 영국의 GDP 순위는 중국(청나라), 인도, 프랑스, 러시아에 이은 5위 수준이었다. 당시에도 영국은 세계 최강국 중 하나였지만 국토와 인구규모라는 한계가 작용한 결과였다. 하지만 산업혁명에 따른 제조업의 발달로 영국은 GDP 규모가 그야말로 기하급수적으로 급증하기 시작했다. 1830년 무렵 프랑스를 제치고 세계 3위로 올라섰고, 20세기 들어선 인구대국 인도를 제쳤다. 그리고 영국 제조업이 최전성기를 구가했던 1950년 무렵 미국에 이어 GDP 세계 2위 자리에 올랐다. 당시 영국의 인구가 5000만명 규모로 중국(5억5400만명),

인도(3억5700만명), 미국(1억5700만명), 러시아(1억명)보다 턱없이 적었다는 점을 감안할 때 영국의 국력을 키운 것은 군사력이 아닌 제조업이었다고 해도 과언이 아니다.

산업혁명 전 세계 1위 제조강국은 중국이었다. 18세기 중국 청나라의 산업 중심지는 광동성 포산(佛山)이었다. 전쯔단(견자단) 주연의 영화 '엽문'의 주인공 엽문과 리롄제(이연걸)가 출연한 '황비홍'의 주인공 황비홍의 고향이라 우리에겐 무술의 중심지로 알려져 있지만, 실제론 철강, 섬유 산업이 융성한 청나라 제조업의 심장이었다. 당시 포산에서 철기제조

# 역사가 증명하는 제조업의 힘

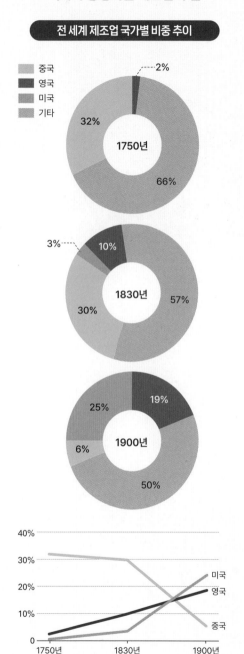

전 세계 제조업 국가별 비중 추이

중국
영국
미국
기타

**1750년**
2%
32%
66%

**1830년**
3%
10%
57%
30%

**1900년**
19%
25%
6%
50%

40%
30%
20%
10%
0
1750년  1830년  1900년

미국
영국
중국

에 종사하는 노동자 수는 3만명에 달했고, 철강생산량은 연 3만4000t에 달했다. 이는 산업혁명 전 영국 철강생산량의 2배에 달하는 규모였다.

또 이곳에서 제작되는 실크는 전 세계로 수출되는 최고의 고부가가치 제품이었다. 포산에는 당시 직공만 1만7000여 명이 있었는데, 전 세계에서 생산되는 실크의 절반이 중국에서 제조됐다. 중국은 이 같은 산업을 기반으로 18세기 내내 GDP 1위이자 최강 경제대국 지위를 지켰다. 그러나 산업혁명 이후 영국이 세계 면직산업 시장을 장악했고, 1800년대 중반 서구 열강과 전쟁으로 제조업 기반이 붕괴되면서 이후 100년이 넘는 기간 동안 중국은 글로벌 강대국 대열에서 이탈하게 됐다.

중국이 21세기 들어 미국과 주요 2개국(G2) 구도를 형성하며 국력을 회복한 배경에는 제조업의 부활이 자리 잡고 있다. 덩샤오핑이 개혁·개방을 선언한 1978년 이후 중국은 저임금 제조업을 기반으로 눈부시게 성장했다. 현재 전 세계 제조업 생산에서 중국의 비중은 1위로 200여 년 전 지위를 회복했다. 2010년 GDP 규모에서 일본을 제치고 미국에 이어 세계 2위에 올랐는데, 이 같은 흐름은 제조업 세계 순위와 궤를 같이한다.

20세기는 미국의 시대였다. 미국이 세계 패권을 쥔 것 역시 제조업 성장에 따른 결과다. 1914년부터 4년간 이어진 제1차 세계대전, 1939년부터 6년간 유럽을 초토화시킨 제2차 세계대전이 아이러니하게도 미국 제조업이 성장한 절호의 기회가 됐다. 미국은 19세기까지 변변한 제조산업을 키워내지 못하며 세계 제조업 경쟁의 변방 국가였지만, 20세기 들어 군수산업이 엄청나게 성장하며 단숨에 세계 1위 제조강국으로 도약했다. 실제 1920년대 들어 1950년대까지 전 세계 제조업 생산의 절반이 미국에서 이루어졌다. 19세기 후반 전기동력이 새 에너지원으로 자리 잡으면서 자동차, 화학, 철강 산업 등이 고루 발전했다. 제너럴모터스(GM), 포드, 엑손모빌, 록히드마틴, 보잉, 제너럴일렉트릭(GE), 다우케미칼 같은 현재 미국을 대표하는 기업들이 모두 19세 후반부터 20세기 초반 사이 창립됐다. 1950년대 미국 GDP에서 제조업이 차지하는 비중은 27%에 이르렀고, 미국 노동 인구의 31%가 제조업 종사자였다. 일본 역시 제조업이 융성하며 전후 세계적인 강국으로 도약했다.

제조업이 국력의 핵심이라는 점은 이처럼 역사가 증명한다. 이는 제조업이 일자리를 만들고 높은 부가가치를 창출하며 기술혁신을 촉발하기 때문이다. IT산업이 미디어의 주목을 받지만 고용 규모는 전체 인구의 극히 일부분에 불과하다.

따라서 강한 국력을 원하는 나라는 제조업 기반을 유지해야 한다. 현재 미국 경제의 약 25%는 물리적 상품을 만드는 제조업이 차지하고 있다. 이런 상품의 유통·판매를 제조업과 합치면 미국 경제의 3분의 1에 이른다.

오늘날 세계 패권국가인 미국과 중국이 제조업 육성에 주력하는 것도 바로 이런 이유에서다. 이들 국가는 제조업의 약화는 국가 안보의 약화로 이어질 수 있다고 인식하고 있다. 반도체, 2차전지 등 첨단산업의 핵심 부품 공급이 차질을 빚을 경우 국가경제가 멈춰설 수 있다는 위기의식이 양국의 제조강국 프로젝트로 이어지고 있는 것이다. '제조강국이 패권국가'라는 공식은 21세기에도 여전히 유효한 셈이다.

# 팬데믹 이긴 원동력

제조업은 국가 경제의 기초체력과도 같다. 이 사실이 극명하게 드러난 게 지난 코로나19 팬데믹과 글로벌 금융위기였다. 당시 위기에서 빠르게 벗어난 세계 각국들은 위기 극복의 원동력을 제조업으로 꼽고 있다.

실제 지난 팬데믹 당시 미세한 바이러스에 불과한 코로나19가 전 세계 모든 국가의 산업을 무너뜨렸지만 제조강국만큼은 피해 정도가 상대적으로 덜하고 탁월한 회복력을 과시했다. 제조업이 성장 둔화를 최소화하고 고용을 안정화하는 버팀목 역할을 한 것이다.

일례로 유럽의 제조강국 독일은 팬데믹 첫해인 2020년 유럽 국가 중 국내총생산(GDP) 성장률 하락폭이 가장 작았다. 이해 프랑스, 영국, 이탈리아, 네덜란드, 스페인 등 서유럽 5개국의 GDP 성장률은 평균 −9%에 이르렀지만, 독일은 이의 절반에 불과한 −4%였다.

독일과 나머지 서유럽 5개국의 이같은 차이는 어디에서 비롯된 것일까. 이들 국가의 GDP에서 제조업이 차지하는 비중을 살펴보면 답을 얻을 수 있다.

### 국가별 GDP 중 제조업 비중

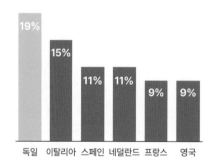

| 독일 | 이탈리아 | 스페인 | 네덜란드 | 프랑스 | 영국 |
| --- | --- | --- | --- | --- | --- |
| 19% | 15% | 11% | 11% | 9% | 9% |

*2020년 기준

이 같은 비중이 이탈리아는 15%, 네덜란드와 스페인은 11%, 프랑스와 영국은 9%인 반면, 독일은 19%로 압도적으로 높다. 서유럽 주요 국가들이 국가 산업 구조를 금융과 서비스업 중심으로 전환했지만, 독일은 제조업 육성의 끈을 놓치 않았다.

독일은 2008~2009년 글로벌 금융위기를 겪으며 제조업의 중요성을 다시 한번 자각했다. 다른 국가들에 비해 자국이 빠르게 경제위기를 극복한 배경에 제조업이 있다는 사실을 파악한 것이다. 이후 독일 정부가 제조업 경쟁력을 세계 최고 수준으로 끌어올리겠다는 야심 찬 목표하에 설계한 정책 프로젝트가 바로 2013년 발

| 유엔산업개발기구 세계 제조업 경쟁력 지수 순위(2018년) | |
| --- | --- |
| 1 | 독일 |
| 2 | 중국 |
| 3 | 대한민국 |
| 4 | 미국 |
| 5 | 일본 |
| 6 | 아일랜드 |
| 7 | 스위스 |
| 8 | 대만 |
| 9 | 싱가포르 |
| 10 | 네덜란드 |

표된 인더스트리 4.0이다. 이는 4차 산업

**팬데믹 기간 중 GDP 변화 추이**

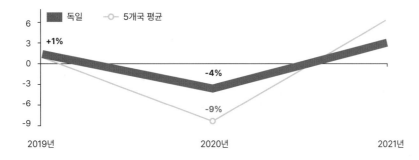

*독일은 코로나19 팬데믹 시기 타 국가 대비 성장률 5%포인트 이상 하락 방어

혁명에 대비한 제조정책으로 생산공정, 물류, 서비스 등 제조 전 과정을 디지털화해 통합 관리하는 스마트팩토리를 구축하는 것을 주요 목표로 삼았다. 이를 통해 독일 제조업은 생산성이 향상되고 불량률은 크게 낮아지며 재고 관리는 효율화돼 왔다.

독일은 여기서 멈추지 않고 강한 중소기업 육성을 위한 미텔슈탄트, 스마트 숙련공 양성을 위한 아우스빌둥 정책을 지속하고 2019년에는 고급 제조인력 공급을 위한 이민법까지 개정하면서 고급 엔지니어와 숙련공을 확보하는 데 주력해 왔다. 그 결과 독일은 유엔산업개발기구(UNIDO)가 2021년 발표한 세계 제조업 경쟁력(CIP)지수에서 11년 연속 1위를 차지하며 세계 최고 제조강국 중 하나로 위상을 굳건히 하고 있다.

독일 말고도 한국, 중국처럼 제조업에서 강한 면모를 모인 국가들도 이번 팬데믹 국면에서 충격이 덜했다. 실제 2020년 중국의 경제성장률은 2.2%였고, 한국의 경제성장률 하락폭은 0.7%에 불과했다. 2021년 기준 GDP에서 제조업 비중은 중국 28%, 한국 26%로, 이들 국가 역시 산업에서 제조업이 차지하는 비중이 높다. 제조업 비중이 높은 국가가 위기에 강한 이유로는 우선 금융·서비스업과 달리 대량 실직 사태가 일어나는 경우가 비교적 덜한 점을 들 수 있다. 2008년 글로벌 금융위기 당시 은행·증권사들은 대량 해고를 단행했고, 지난 팬데믹 국면에선 사람들을 직접 대면해야 하는 서비스업에서 실업 충격이 두드러졌다.

실제로 팬데믹 첫해인 2020년 한국의 경제성장 기여도에서 제조업은 3분기 −0.2%, 4분기 0%를 기록한 반면 서비스업의 기여도는 각각 −0.8%, −1%를 기록했다. 위기 이전인 2018년과 2019년에는 서비스업이 제조업보다 지속적으로 높은 성장 기여도를 나타냈던 것과 대비되는 결과다. 실제 팬데믹 직전 해인 2019년 서비스업의 성장 기여도는 1.6%로 제조업(0.3%)의 5배를 웃돌았다.

또 언론의 스포트라이트를 받는 빅테크 기업들에선 수천, 수만 명의 직원을 해고하는 일이 빈번하게 일어난다. 페이스북 모기업인 메타는 2022년 11월 전체 직원의 13%에 해당하는 1만1000명을 해고한 데 이어, 2023년에도 1만명이 넘는 직원을 추가 해고할 방침이다.

제조업은 전염병과 같은 돌발변수는 물론 장기불황 같은 장기전을 버텨낼 기초체력 역할도 한다. 일본은 1990년대 초

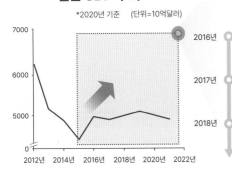

## 일본 GDP 추이

*2020년 기준   (단위=10억달러)

7000

6000

5000

0

2012년   2014년   2016년   2018년   2020년   2022년

## 시기별 성장전략 및 주요 Initiative

| 2016년 | 일본 재흥전략 | • 제조업 경쟁력 강화 목표: 5년 내 1위 달성(당시 5위)<br>• AI, 로봇, 스마트팩토리 등 첨단산업 국제표준화 추진 |
|---|---|---|
| 2017년 | 미래투자전략 | • 모빌리티, 로봇, 바이오 등 5대 중점 분야 연구개발 강화<br>• 독일과 협력해 제조업 공급망 데이터 국제표준화 추진 |
| 2018년 | 성장전략 실행계획 | • 디지털화 확산 및 규제 합리화<br>• 전기차 급속충전소 3만개 설치 등 탈탄소화 투자 집행 |

버블경제가 붕괴된 이후, 10년이 넘는 기간 동안 장기불황을 겪었다. 1992년부터 2000년까지 일본의 GDP 성장률은 연평균 1.2%에 불과했고 1998년과 2001년에는 마이너스 성장을 기록하기도 했다. 그러나 일본은 이 같은 장기불황을 겪으면서도 현재까지 GDP 세계 3위권에서 이탈한 적이 없다.

이는 궁극적으로 제조업의 힘에서 비롯된 것이다. 유엔산업개발기구가 2021년 발표한 세계 제조업 경쟁력(CIP)지수에서 일본은 세계 4위로 5대 제조강국에 여전히 이름을 올리고 있다. 또 이코노미스트가 2018년 발표한 제조업 자동화 준비지수(The Automation Readiness Index) 조사에서 일본은 혁신환경 1위를 기록하며 종합점수 4위에 올랐다.

이는 일본 정부와 기업이 힘을 모아 불황 가운데서도 제조업의 기술혁신을 지속한 결과다. 일본은 2016년 제조업 경쟁력 강화를 목표로 한 재흥전략을 통해 AI, 로봇, 스마트팩토리 등 첨단산업 국제 표준화를 추진했다. 또 2017년 발표한 미래투자전략에선 독일과 협력해 제조업 공급망 데이터 국제 표준화 작업에 나섰고, 2018년에는 탈탄소화와 디지털화 전략을 담은 성장전략 실행계획을 내놨다. 여기에 소재·부품·장비 분야에서 세계적 선도 기술력을 갖춘 중소기업들이 경쟁력을 유지하면서 일본은 장기불황의 터널을 빠져나와 글로벌 패권구도에서 중요한 한 축을 형성하고 있다.

# 콧대 높던 금융강국 영국의 민낯

영국은 산업혁명의 본산이다. 18세기 말 잉글랜드 서북부 랭커셔 지방의 방직공이었던 제임스 하그리브스가 발명한 다축 방적기로 산업혁명이 촉발됐다. 영국은 이를 통해 창출된 부가가치를 기반으로 19세기부터 20세기 중반까지 세계적인 제국을 이뤘다. 당시 영국 제조업의 심장이었던 맨체스터에선 1913년 세계 면직물의 65%를 생산할 정도였다. 또 철강, 조선, 자동차, 항공산업 등은 영국의 막강한 군사력을 뒷받침했다. 영국이 패권국가에서 평범한 선진국으로 내려앉은 과정은 공교롭게도 제조업이 약화되는 시기와 맞물린다. 세계대전 이후 20세기 말까지 세계 최강이던 조선업 주도권을 일본에 뺏겼고 롤스로이스, 미니, 벤틀리, 랜드로버 등 영국이 자랑하던 자동차 기업들은 줄줄이 독일로 매각됐다. 그 결과

18세기 사용된 다축 방적기.

영국 경제에서 제조업 비중은 2010년 처음으로 10% 아래로 하락하는 등 더 이상 제조강국으로 보기 힘든 수준이 됐다. 1950년대 들어 맨체스터에선 가동을 중단한 공장이 크게 늘었다. 1980년대 들어 맨체스터는 제조업보단 영국 팝 음악 산업의 중심지가 됐다. 지역 섬유공장들

이 음반사로 대체됐고, 음악클럽들이 들어서며 맨체스터는 음악도시로 변모해 갔다. 이곳은 영국 록음악의 흐름을 주도했다. 맨체스터 도심의 스피닝필즈는 한때 섬유 공장들이 밀집했던 지역이다. 현재 스피닝필즈는 쇼핑타운으로 탈바꿈했다. 세계 면직산업의 중심지가 중국과 동남아시아에서 생산된 옷을 판매하는 장소가 된 것이다. 이는 영국 제조업의 몰락을 상징하는 풍경이다.

영국의 제조업 약화는 고비용, 저효율, 낮은 생산성, 강성노조 등 소위 영국병으로 불리는 많은 문제점이 드러나는 상황에서 체질 개선과 혁신 없이 산업 국유화라는 엉뚱한 해법을 단행한 결과였다.

이후 영국은 제조업에 대한 미련을 버리고 금융과 서비스업이라고 하는 보다 '세련된' 산업을 육성하는 길을 택했다. 제조업 분야에선 세계 2위 방위산업 업체 브리디시 에어로스페이스시스템스가 건재한 덕분에 항공산업에서 그나마 경쟁력을 유지하고 있는 정도가 눈에 띌 뿐이다.

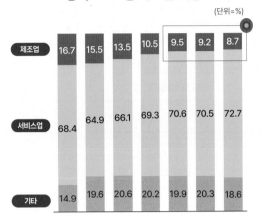

**영국 GDP 중 제조업 비중**

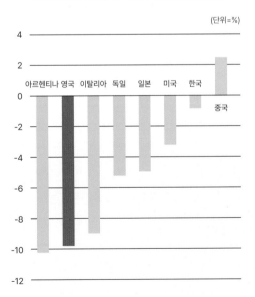

**2020년 팬데믹 주요국 경제성장률**

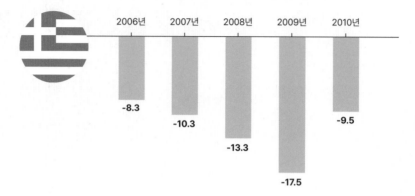

그리스의 GDP 대비 재정적자 규모

(단위=%)

|  | 2006년 | 2007년 | 2008년 | 2009년 | 2010년 |
|---|---|---|---|---|---|
|  | -8.3 | -10.3 | -13.3 | -17.5 | -9.5 |

자료=IMF

한때 선진국처럼 행세하던 PIGS(포르투갈, 이탈리아, 그리스, 스페인)들도 글로벌 금융위기와 코로나19 팬데믹으로 민낯이 드러났다. 이들 국가는 산업생산력이 없다. 세계경제가 별 문제없이 돌아간다는 전제하에 관광산업으로 외화를 버는 산업구조가 위기에 얼마나 취약한지 만천하에 드러났다. 2008년 미국 투자은행 리먼브러더스 파산으로 촉발된 글로벌 금융위기는 2010년에 이르러 남유럽 국가들의 재정위기로 이어졌다.

이전까지 이들 국가는 매력적인 문화 유산을 기반으로 전 세계 관광객들을 끌어들이며 선진국 행세를 했다. 이들은 손쉽게 벌어들인 외화로 복지를 강화하고 공무원 채용을 확대하는 등 재정을 방만하게 운용했다. 그 결과 이들 4개국의 공공부채 비율은 2008년 그리스 126.7%, 이탈리아 120.6%, 포르투갈 88.2%, 스페인 68.9%에 이르렀다.

이후 남유럽 재정위기가 본격화한 2010~2013년 사이 스페인의 평균 실업률은 23%에 이르렀다. 같은 시기 독일은 6% 수준이었다. 이탈리아에서 자영업자 비중은 20%에 이르고, 스페인에선 임시계약직 비중이 26%로 높아 위기에 취약한 구조다. 결국 국제통화기금(IMF)과 유럽연합(EU) 회원국들은 2010년 5월 총 1100억유로 규모의 구제금융을 그리스에 지원하면서 남유럽 재정위기가 유럽 전역으로 확산되는 것을 막아야 했다. 남유럽에선 제조업의 쇠퇴가 오랜 기간 추세적으로 진행돼 오다 2008~2010년 글로벌 금융위기 이후 이 같은 흐름이 더욱 뚜렷해지는 모습을 보이고 있다. PIGS는 위기 이후에도 서비스에 치우친 산업구조를 보다 균형 잡힌 구조로 전환하는 데 실패했다. EU 통계청에 따르면 2019년 기준 GDP에서 여행산업이 차지하는 비중이 독일은 9.1%인 데 반해 그리스는 20%, 스페인은 14%, 이탈리아는 13%로 높다. 그렇지 않아도 PIGS는 경제규모가 북유럽 국가들에 비해 작은데 여행산업 비중은 높다 보니 2020년 찾아온 코로나19 충격에 또다시 경제가 휘청거릴 수밖에 없었다. 대면 접촉을 통해 전염되는 코로나19 상황에서 음식·숙박, 여행 등 서비스업 피해는 클 수밖에 없었다.

남·북유럽의 경제성장·실업률·국가부채 비율은 글로벌 금융위기와 유럽 재정위기를 거치며 격차가 커졌는데, 코로나19 사태를 계기로 격차가 보다 확대됐다. 그 결과 PIGS는 다시 한번 재정위기 상황에 놓이게 됐다. 코로나19를 통과하는 과정에서 PIGS를 포함한 세계 각국이 재정을 대거 풀면서 정부부채가 누적된 점이 위기의 뇌관으로 작용하고 있다. 2022년 말 현재 PIGS의 GDP 대비 정부부채 규모는 2012년 남유럽 재정위기 수준을 웃돈다. 이런 상황에서 통화긴축 기조에 따른 고금리 국면이 장기화할 경우 이들 국가의 국채상환 부담은 가중될 수밖에 없다.

향후 러시아-우크라이나 전쟁 여파로 유로존 경기 침체가 장기화해 PIGS의 국가신용도가 하락할 경우 일순간에 남유럽발 재정위기가 재연될 가능성을 배제하기 힘들다. 경기침체와 고물가, 고금리 충격에서 제조업 없는 산업구조가 얼마나 취약한지가 다시 한번 만천하에 드러난 것이다.

이는 EU 내 갈등 요소로도 지적된다. 남유럽의 노동력이 임금수준과 취업기회가 좋은 북유럽으로 이동하면서 남유럽은 성장잠재력이 훼손되고 역내 지역 간 불균형이 촉발되면서 유럽 경제구조는 중심부(북유럽)와 주변부(남유럽)로 고착화되는 양상이다. 유로화라는 동일 통화를 쓰는 만큼 독일 같은 경제강국 입장에선 통화가치가 실제 가치에 비해 저평가될 수밖에 없고 유럽 공동체에 대한 재정지원 부담은 커지게 된다.

# 유럽도 부랴부랴 "제조업 살려라"

2008년 글로벌 금융위기는 유럽이 산업 정책을 전면 재검토하는 계기가 됐다. 자국 기업들의 경쟁력을 높이지 않으면 초강대국 미국은 물론 중국, 인도 같은 신흥 경제강국과의 경쟁에서도 뒤처질 수밖에 없다는 위기의식을 갖게 된 것이다. 특히 유럽 경제가 지속적으로 성장하려면 제조업 발전이 필수라는 인식이 널리 확산됐다. 독일처럼 제조업 기반을 단단하게 구축하고 있던 국가가 금융위기에 효과적으로 대처하고 강력한 회복 탄력성을 갖고 있다는 사실이 실증적으로 확인된 결과였다. 하지만 유럽은 수십 년 전부터 서비스산업에 지나치게 의존하면서 탈산업화가 지속된 탓에 제조업이 크게 쇠퇴한 상황이었다. 이에 유럽연합(EU)은 2012년 유럽산업전략을 발표하면서 GDP 대비 제조업 비중을 유럽 재정위기 당시 15%에서 2020년까지 20%로 높이는 목표를 설정했다.

각 국가들도 자체적인 제조업 육성 정책을 저마다 수립하고 제조업 강화에 팔을 걷어붙였다. 이 중 대표적인 게 독일의 인더스트리(Industry) 4.0이다. 이는 2011년 독일의 기업·학계·정부가 참여한 제조업 혁신 플랫폼으로 제품의 설계, 제조, 판매 등 제조업 가치사슬 전반에 디지털기술을 접목해 독일 제조업 경쟁력을 끌어올린다는 구상이다. 일례로 사물인터넷(IoT) 인프라를 설치해 생산 과정을 디지털화하는 스마트공장이 대표적이다. 이는 공정 전반의 데이터가 실시간으로 집계돼 모니터링과 피드백을 통해 생산성을 높이고 고장·사고를 방지할 수 있다. 한국도 박차를 가하고 있는 스마트공장 전환 정책의 첫 출발이 인더스트리

# 제조업 부활 팔 걷어붙인 유럽

EU nations should recognize manufacturing is not the old one. It has been changing to next gen manufacturing and to future

다비드 사솔리 前 EU 의회 의장

4.0이었던 것이다.

산업혁명의 본산지 영국은 2050년 제조업을 전망하고 이와 관련된 과제를 수립한 '제조업의 미래'라는 정책을 추진하고 있다. '제조업의 미래'는 △고객에 대한 신속하고 밀접한 접근 △새로운 시장 개척 △지속성 확보 △고급 숙련노동자 확보를 과제로 설정했다.

액화천연가스(LNG) 운반선의 화물창 설계 원천기술 등 고부가가치 설계 분야 강자인 프랑스 역시 영국과 비슷한 '미래의 산업(Industrie du Futur)'이라는 제조혁신 정책을 펼치고 있는데, 제조업 생산과정의 현대화, 즉 디지털 제조 산업이 핵심이다. 프랑스의 '미래의 산업' 정책은 크게 5개의 기둥으로 구성됐는데 3D 프린팅과 증강현실 분야에서 기술 발전,

생산설비 현대화 관련 재정 지원, 근로자 교육, 독일과 산업협력 강화, 프랑스의 미래산업 기술과 지식의 보급 등이다.

패션과 관광산업에만 안주할 것 같은 이탈리아도 제조업 강화 전략에 속도를 내고 있다. 이탈리아는 2016년부터 4개년 디지털혁명 정책인 인더스트리 4.0을 시작했다. 이탈리아 정부는 이 정책을 통해 생산시스템을 디지털화하는 기업에 조세 감면을 제공했다. 보다 자세히 살펴보면 디지털화나 소프트웨어 관련 유무형의 고정자산에 대한 투자를 활성화하기 위해 감가상각비 인정비율을 크게 상향 조정했고, 연구개발에 대한 세제혜택, 디지털 장비와 소프트웨어 투자 기업에 대한 보증을 제공한다.

EU도 독일의 인더스트리 4.0과 맥을 같

이탈리아 볼로냐에 위치한 람보르기니 본사 공장 내부.                                람보르기니

이하는 제조업 정책을 추진하고 있다. 산업의 디지털화와 표준화를 위한 인프라 구축, 관련 기술 교육 등에 집중적으로 재정을 투입하고 있다. 실제 EU는 '유럽 산업 부흥을 위해(For a European Industrial Renaissance)'라는 전략을 지난 10여 년간 추진해 왔는데 클라우딩 컴퓨팅, 빅데이터, 산업인터넷, 로봇, 3D프린팅, 스마트공장 등 산업을 육성하는 데 초점이 맞춰져 있다.

유럽 국가들이 이 같은 제조업 강화 정책을 펼치는 과정에서 하나같이 심혈을 기울이는 분야가 디지털 제조 숙련공 육성이다. 공정이 자동화, 데이터화하는 상황에서 예전처럼 육체적 근력과 작업 숙련도만 높아선 곤란하기 때문이다. 제조업이 점차 지식노동으로 전환하는 만큼 공정 전반을 관리하는 엔지니어뿐 아니라 일반 숙련공들도 소프트웨어 활용 능력을 갖추는 것은 필수다. 이에 따라 유럽 국가들은 숙련공 직업교육을 평생교육 관점에서 진행하고 있으며 대학 등 고등교육기관과의 협력에도 적극 나서고 있다.

독일의 자동차산업 직업교육 장면.　　　　　　　　　　　독일 정부 홈페이지, © Jan Woitas

직업교육에서도 단연 앞선 곳은 독일이다. 독일의 직업교육인 아우스빌둥은 일과 학습을 병행하는 방식으로 이뤄진다. 제조기술과 소프트웨어 활용 능력을 갖춘 숙련공을 육성해 제조산업의 도약을 추진한다.

또 전통적으로 마이스터(장인) 숙련공에 대한 사회적 예우가 저변에 배어 있는 국가답게 스마트공장 전환 작업도 숙련공을 배제하거나 무인화를 추구하는 게 아닌 숙련공의 기술과 경험을 존중하는 방향으로 진행되고 있다. 일례로 독일의 대표 자동차 메이커 벤츠의 스마트공장 '팩토리56'은 디지털공장을 지향하지만 완전한 무인화는 지양하며, 사람이 조립공정을 통제하도록 하고 있다. 즉 스마트공

정에 적합한 숙련공으로 양성하는 데 주안점을 두고 있는 것이다. 산업기계 업체 보쉬렉스로스도 AI공작기계가 생산 전반을 통제하지만 주요 공정에 대해선 숙련공이 공정을 통제하도록 한다.

아울러 전기기사 등 고부가가치 숙련공을 지속적으로 확보하기 위해 관련 인력의 이민을 막는 법 조항의 40%를 폐지하고 저임금 단순노동자 이민요건도 동시에 완화하는 것을 골자로 한 숙련노동자 이민법(Fachkräfteeinwanderungsgesetz)을 2019년 제정했다. 자동화·디지털화 추세 가운데서도 제조업의 핵심은 고부가가치 인력이라는 독일의 전통적인 산업 철학을 엿볼 수 있는 움직임으로 우리도 참고할 만한 대목이다.

# 제조업이 만든 한강의 기적

"대한민국이라는 나라는 참 이상하다. 벌써 지도상에서 없어져야 할 나라처럼 보이는데 아직도 존속한다. 중국, 일본, 러시아 틈바구니에서 5000년 동안 망하지 않고 이렇게 성장했다는 건 세계사의 기적이다."

'강대국의 흥망'을 쓴 유명 역사학자인 폴 케네디 예일대 교수는 2016년 가을 매일경제신문이 주최한 세계지식포럼에

폴 케네디 예일대 교수가 세계지식포럼에서 연설을 하고 있다.　　매경DB

연사로 참석해 이런 말을 했다.

한국전쟁이 끝난 뒤 연합군 총사령관이던 맥아더는 "이 나라가 재건되려면 최소 100년은 걸릴 것"이라고 했다. 그러나 폐허 속에서 해외 원조에 의존하던 대한민국은 불과 50년도 지나지 않아 세계적인 경제강국으로 우뚝 섰다. '한강의 기적'을 이뤄낸 한국은 해외 원조를 받던 나라에서 원조를 해주는 나라로 전환한 유일한 나라가 됐다.

'메이드 인 코리아'가 그 기적의 원동력이다. 기술도 자본도 없이 가발이나 신발을 수출하던 한국은 이제 최첨단 기술을 자랑하는 TV, 스마트폰, 자동차, 선박으로 세계 시장을 주름잡고 있다. 4차 산업혁명 시대 '산업의 쌀'이라 불리는 반도체 분야에서는 한국 기업이 미국과 일본, 유럽의 거인들을 제치고 글로벌 강자로

자리매김했다. 원자력발전소, 잠수함, 헬기는 물론 전차, 자주포, 로켓 등도 수출하고 수소자동차를 세계 최초로 양산하기 시작했다. 5G 이동통신서비스도 처음 상용화했다.

한국의 1인당 국민소득은 전쟁의 포화가 멎은 1953년 66.5달러로 세계 최빈국 수준이었다. 하지만 이후 66년 동안 482배로 늘어나 2019년에는 3만2114달러에 이르렀다. 이제 한국은 어느 기준으로 보더라도 선진국이다. 한국은 2018년 명실상부한 잘사는 나라들을 일컫는 30-50클럽에 가입했다. 30-50클럽은 1인당 국민소득이 3만달러 이상이고 인구는 5000만명 이상인 나라를 일컫는다.

이는 한국이 한국전쟁 이후 50여 년 만에 세계사에서 유례를 찾기 힘든 경이로운 압축성장을 이뤄낸 결과다. 한국의 경제규모는 1960년 이후 400배 이상 커졌다. 세계사에서 과거 식민지 개척으로 제국을 건설했던 스페인과 네덜란드, 산업혁명으로 패권국가가 된 영국은 물론 미국, 일본도 이렇게 빠르게 경제성장을 이루지 못했다. 굶주림에 허덕이던 가난한 나라가 변변한 자원도 없이 이 같은 기적을 일궈낸 배경에는 제조업이 있다. 1953년 산업구조를 보면 농림수산업이 GNP(국

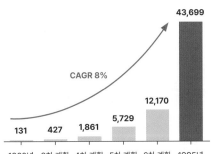

(단위=백억원)

**연도별 국내 GDP 변화 추이**

| 1960년 | 3차 계획 | 4차 계획 | 5차 계획 | 6차 계획 | 1995년 |
|---|---|---|---|---|---|
| 131 | 427 | 1,861 | 5,729 | 12,170 | 43,699 |

CAGR 8%

민총생산)의 63%를 차지하고 있었고, 제조업 비중은 8%에 지나지 않았다.

한국은 국가 주도의 경제개발계획을 통해 제조업을 일으켰다. 1960년대 제1차, 제2차 경제개발 5개년 계획을 성공적으로 완수했고, 1970년대 중화학공업화 정책(제3차·제4차 경제개발)을 추진하며 선진제조국으로 가는 발판을 마련했다. 한국은 공업화 후발국이었지만 발전방향을 수출산업 육성으로 잡은 게 주효했다. 우수한 저임금 노동력을 통해 해외시장을 개척하기 시작했고, 섬유산업 같은 경공업 산업에서 철강, 조선, 전자, 화학공업을 차례로 육성하면서 덩치를 키워 나갔다. 제3차·제4차 경제개발로 한국 경제는 수출의 획기적인 성장을 통한 고도

성장과 산업구조의 고도화를 일궈냈고 자립경제의 길로 들어서게 됐다. 이 과정에서 한국의 자랑인 삼성, 현대, SK, LG 같은 글로벌 기업들이 탄생했다.

전 세계적으로 살펴봐도 한국처럼 다양한 제조산업을 거느린 국가를 찾긴 어렵다. 철강, 조선, 중화학 등 중후장대 산업부터 휴대폰, 반도체, 디스플레이, 2차전지 같은 첨단 제조업까지 두루 갖추고 있다. 자동차 분야에서도 세계적 강국으로 발돋움해 있고, 미래 에너지인 원자력·태양광 분야 경쟁력도 세계적이다. 이는 글로벌 경제상황의 부침에도 한국 경제가 큰 흔들림 없이 항해를 지속해 온 원동력으로 작용한다. 산업 포트폴리오가 다양하다 보니 어지간한 위기에도 어쨌든 앞으로 나아가는 힘을 갖추고 있다는 것이다.

현재 한국 제조업의 3가지 강점으로는 ① 한국 기업만의 지배구조 ② 우수한 인적자원 ③ 기술 인프라를 꼽을 수 있다. 한국 기업들은 온갖 금융투자회사들로 지분이 쪼개져 있는 서구 기업들과 달리 오너 중심의 지배구조를 갖추고 있다. 오너 중심 지배구조의 폐단에 대한 이런저런 비판이 존재하지만, 한국 제조업이 비약적으로 성장한 배경에는 기업 오너의 과감하고 신속한 의사결정이 자리 잡고 있는 점 또한 부인할 수 없는 사실이다. 전문경영인과 외부 전문가로 구성된 이사회는 신규 투자와 시장 진출 결정 시 실패에 따른 책임 부담이 클 수밖에 없지만 오너 경영자의 경우 기업가 특유의 본능과 감각으로도 투자를 결정해 새로운 시장을 개척해 내는 경우가 적잖다. 한국의 반도체와 조선산업, 자동차산업 등은 오너 경영자의 결단이 없었다면 결코 태동할 수 없었던 산업이다.

경제개발계획과 동시에 국가적으로 추진된 게 엔지니어 양성이었다. 엔지니어의 의미는 시대와 국가별로 다소 상이하지만 대체로 공과대학을 졸업한 인력을 말한다. 제품 설계와 공정 관리를 맡는 제조업의 중추이자 혁신의 원천이다. 박정희 대통령과 정주영, 이병철 같은 정치 지도자, 기업인들이 한국 제조업을 일으켰지만 실제 제조업의 기틀을 닦은 실무자는 엔지니어들이었다. 서울대 공대를 졸업하고 독일 뮌헨공대에서 유학하던 김재관 박사(1933~2017)가 대표적인 인물이다. 그는 1964년 독일을 방문한 박 대통령에게 '한국 철강 공업 육성 방안'이라는 제목의 제안서를 전달했고, 이후 포항제철은 김 박사가 그린 설계도를 토

PROPOSAL
FOR
DEVELOPMENT OF IRON AND STEEL INDUSTRY
IN KOREA

(in association with extension of
the Inchon Heavy Industry Corp.)

1964

Dr.-Ing. Zae-Quan KIM

TECHNICAL UNIVERSITY
MUNICH
WEST GERMANY

1964년 독일 뮌헨에서 김재관 박사가 박정희 대통령에게 전달한 한국 최초 종합제철 계획안.
김재관박사 기념관

대로 건설됐다. 한 명의 엔지니어가 국가의 중요 산업을 일으킨 것이다.

엔지니어 인재의 힘을 실감한 박 대통령은 1966년 고급 엔지니어 육성 기관인 한국과학기술연구원(KIST)을 설립토록 했다. 당시 한국 산업은 노동집약적 경공업 육성에서 기술집약적 중공업 기반 산업화로의 전환이 진행 중이었지만, 이공계 대학교육이 워낙 열악해 현장을 이끌 엔지니어가 턱없이 부족한 터였다.

KIST 설립 후 2년간 28명의 해외 한국과학자들을 교수진으로 유치했는데 이들에 대한 대우를 보면 당시 정부가 엔지니어의 중요성을 절감하고 있었다는 사실을 여실히 알 수 있다. 이들에겐 원내 아파트를 제공했고, 급여 수준은 국내 대학교수의 2~3배에 이르렀다. 또 미국의 바텔기념연구소에서 6~12개월간 연수 교육을 받도록 했다. 당시 한국의 국력을 감안할 때 파격적인 대우였고 KIST는 척박했던 한국 제조업 토양을 다질 인력을 배출하는 과학 엔니지어의 산실 역할을 톡톡히 했다.

정부는 여기서 멈추지 않고 현재 한국의 MIT 격인 한국과학기술원(KAIST)을 설립했다. KIST가 1968년 박 대통령에게 제출한 '이공계대학 및 대학원 육성 방안에 관한 조사 연구'로 한국형 MIT 설립 프로젝트가 본격 검토됐고 미국에서 차관을 받아 한국과학원(KAIST의 전신)이 1973년 문을 열었다. 이후 KAIST는 첨단 산업 혁신을 이끌 엔지니어를 배출하는 세계적 교육기관으로 성장했다. 기업인들과 국가 지도자들이 제조업 육성의 청사진을 그렸더라도 이들 교육기관에서 배출한 엔지니어가 없었더라면 이 같은 구상이 현실화하긴 힘들었을 것이다. 즉 한강의 기적은 정부의 의지, 기업인들의 도전정신과 더불어 당시 현장 근무자인 엔지니어들이 안정적으로 공급된 결과로 봐야 할 것이다.

폴 안트라스
하버드대 경제학과 교수

66

# 제조업이 공급망 대응의 핵심이다

99

글로벌 무역 분야의 석학들은 '포스트 코로나' 시대를 맞아 각국의 경제적 성패가 공급망 대응에 달렸다고 강조했다.

폴 안트라스 하버드대 교수는 2023년 1월 8일(현지시간) 미국 뉴올리언스에서 열린 '2023 전미경제학회 연례총회(ASSA)'에서 매일경제와 인터뷰를 하며 "제조업이야말로 혁신의 산물"이라며 "포스트 코로나 시대엔 제조업이 국가 경제의 성장동력이 될 것"이라고 단언했다.

안트라스 교수는 현재 국제 경제 환경을 전시에 양측이 대치할 때 중간에 놓인 '무인지대(no man's land)'에 비유하면서 "중국의 디커플링(분리)에 따라 산업 밸류체인(가치사슬)이 재편되는 상황에 철저히 대비해야 한다"고 조언했다.

안트라스 교수는 수년간 지속되고 있는 미·중 무역전쟁은 "쉽게 사라지지 않을 것"이라고 예견했다. 미국 내에서 반(反)중국 정서가 강한 데다 정치인들이 정당을 불문하고 대중국 무역규제를 강화하는 기조를 고수하고 있기 때문이다.

"올해 세계 경제 최대 리스크는 중국이다. 중국의 세계경제와의 디커플링에 대비해야 한다."

국제무역학계 석학인 안트라스 교수의 경고다. 그는 2023년 1월 8일(현

폴 안트라스 하버드대 경제학과 교수(오른쪽)가 2023년 1월 미국 뉴올리언스에서 열린 전미경제학회에서 김명수 매일경제 논설실장과 인터뷰하고 있다.

지시간) 미국 뉴올리언스에서 나흘간 일정으로 열린 '2023 전미경제학회 연례총회'에서 김명수 매일경제신문 논설실장과 대담을 하고 이같이 밝혔다.

안트라스 교수는 올해 세계 경제 최대 리스크로 △인플레이션(급격한 물가상승) △미국 경기침체 △중국 △지정학 등 4가지를 꼽았다. 이 중 가장 걱정되는 건 중국이었다. 다음은 일문일답.

**미국 경기침체 전망은?**

ㄴ 경기침체 가능성은 분명히 있다. 그러나 기술적으로 경기침체가 오더라도 매우 심각한 수준은 아닐 것이다. 그래서 크게 걱정하지 않는다. 코로나 이후 가벼운 경기침체까지 지나간다면 우리는 축하를 해야 할 것이다. 왜냐하면 모든 종류의 충격을 다 겪었기 때문이다.

**올해 핵심 경제 이슈는 무엇인가?**

ㄴ 경제 전체의 핵심 이슈는 인플레이션과 경기침체가 될 것이다. 그러나 무역경

제학자 입장에선 러시아-우크라이나 갈등과 이에 따른 지정학적 영향을 꼽겠다. 다만 러시아-우크라이나 갈등에 크게 걱정하지 않는다. 러시아는 무모한 행동으로 스스로 손실을 입었다. 러시아가 과거만큼 세계 경제에 중요하지도 않다. 내가 훨씬 더 걱정하는 건 중국이다. 중국의 디커플링은 미국 경제에 매우 심각한 영향을 미칠 수 있다. 당연히 유럽과 한국 경제에도 마찬가지다.

**미·중 무역전쟁이 글로벌 경제에 미치는 영향은?**

ㄴ 무역 흐름의 변화다. 한국 기업이 중국 내 공장을 베트남으로 옮기는 게 대표적인 사례다. 그러나 이 같은 영향이 크지 않다고 본다. 관세만으로 글로벌 밸류 체인(가치 사슬)의 재조정이 일어나진 않을 것이다. 미·중 갈등의 또 다른 영향은 불확실성이다. 미·중 무역전쟁으로 인해 지정학적 문제가 매우 민감해졌고 세계 경제에 큰 악재가 될 수 있는 가능성이 높아졌다. 기업들은 불확실성 때문에 투자 등 각종 활동을 중단하게 된다.

**미·중 무역전쟁은 앞으로 더 악화될 것인가?**

ㄴ 무역 갈등이 사라지지 않을 것이다. 정치적으로 중국에 대한 무역 장벽 완화는 대중으로부터 인기가 없기 때문이다. 2017년 대선 당시 도널드 트럼프 후보가 반중국 정책을 내세웠는데, 상대 후보인 힐러리 클린턴 역시 마찬가지였다. 조 바이든이 대통령에 당선됐을 때 미·중 무역전쟁이 끝날 것이라고 기대한 사람들도 틀렸다. 월마트에서 중국 덕분에 싼 물건을 살 수 있는 장점이 있지만 사람들은 일자리 상실을 걱정한다.

**미국의 인플레이션 감축법(IRA) 등 바이든 행정부의 '메이드 인 아메리카' 정책이 글로벌 공급망에 어떤 영향을 끼치나?**

ㄴ 이것은 보호주의적인 행동이다. 특히 코로나 기간 동안 세계 무역에 대한 부정적인 인식이 넓게 자리 잡은 탓이기도 하다. 코로나가 중국에서 전 세계로 퍼졌다는 인식이 생기면서 많은 국가들이 교역에 부정적인 생각을 갖게 되었다. 이 같은 분위기는 분명 세계 경제에 영향을 미칠 것이다.

**제조업이 리쇼어링 바람을 타고 다시 주목받고 있는데.**

ㄴ 제조업은 매우 중요하다. 우선 정치

적으로 중요하다. 미국 대선에서 경합주(swing states)들은 제조업 지역이다. 따라서 이 지역의 제조업 일자리를 보호하지 못한다면 미국에서 대통령이 될 수 없다. 둘째, 제조업 일자리가 더 낫다는 인식이 있다. 제조업은 다른 부문에 비해 어느 정도의 기술이 필요하기 때문에 임금이 더 높다. 셋째, 기술이다. 제조업이 바로 혁신의 산물이다. 뭔가를 만들지 않는다면, 어떻게 개선시킬지 알기 힘들다. 생산할 때 비용을 어떻게 낮출지 알기 힘들다.

### 국가 차원의 제조업 전략은 어때야 하나?

ㄴ 보조금을 제공하거나, 핵심 성장 산업을 지정하는 등 과거의 방식은 말하지 않겠다. 효과가 있을 수는 있지만 많은 나라가 실패했다. 효율적인 시스템을 갖춘 규제가 중요하다. 진입 장벽을 완전히 없애라는 게 아니다. 핵심은 시장에 맞게 조정하고 혁신적인 상품이 나오도록 환경을 조성하는 일이다.

### 미국, 유럽 그리고 아시아가 중국에 대한 의존도에서 탈피하는 것이 세계화에 악영향을 미치는가?

ㄴ 그렇다. 이것이 바로 디커플링 시나리오다. 미국, 유럽 그리고 아시아가 한 방향으로 가는데 중국만 다른 길로 가는 것이다. 이것은 세계 무역에서 문제가 된다. 한미 간 무역을 보더라도 많은 부분이 중국을 통한다. 세계 무역에서 중국을 뺀다는 것은 상상하기 어렵다.

### 코로나로부터 전 세계가 배운 교훈은 무엇인가?

ㄴ 경제적으로 보면 인플레이션이 언제나 통제하기 쉬운 것이 아님을 다시 알게 되었다. 우리는 수십 년간 미국 연방준비제도(Fed·연준)에 대한 완전한 믿음을 가지고 살았다. 즉, 연준이 인플레이션을 낮은 수준으로 유지할 수 있을 것이라고 믿었지만 쉽지 않았다. 지금과 같은 임금 상승이 있을 때는 인플레이션 통제가 어렵다. 따라서 한동안 기준 금리가 높을 수밖에 없을 전망이다.

### 세계화가 천천히 진행되고 있다는 이른바 '슬로벌라이제이션(slowbalization)'이 아직도 유효하다고 보나?

ㄴ 그렇다. 세계화는 여전히 올바른 개념이다. 우리가 탈세계화를 해야 할 필요가 없다. 세계화는 1980~2000년대에 크게 성장했지만 지금은 세계화가 천천히 진

폴 안트라스 하버드대 경제학과 교수(오른쪽)가 2023년 1월 미국 뉴올리언스에서 열린 전미경제학회에서 김명수 매일경제 논설실장과 인터뷰하고 있다.
매경DB

행되고 있다.

### 세계화를 위해 필요한 것은 무엇인가?

ㄴ 첫째 빨라야 한다. 산업자동화와 로봇이 반세계화로 이어질 것이라는 얘기가 많다. 그러나 나는 로봇이 외국인의 일자리를 대체할 것이라고 생각하지 않는다. 단기적으로 20~30년 후 로봇은 세계 무역 성장에 기여할 것이다. 왜냐하면 로봇이 기업을 더 효율적으로 만들어 줄 것이기 때문이다. 둘째, 블록체인 기술이다. 비트코인 등 가상화폐를 뜻하진 않는다. 블록체인은 거래 비용을 크게 줄이고 국경 간 계약의 실행을 용이하게 할 수 있는 새로운 기술 진보다.

### 무역과 제조업에 크게 의존하고 있는 한국 경제에 조언은?

ㄴ 한국은 모니터링에 많은 투자를 해야 한다. 중국은 어디를 향해 가는지, 중국 총리의 의사결정이 무엇인지 등을 알아야 세계화의 미래를 알 수 있다. 러시아-우크라이나 전쟁이 한국 경제에 기회가 될 수 있다. 한국은 원유 등 에너지 수입국이기 때문에 이번 전쟁의 영향을 받을 것이다. 그러나 오히려 이번 기회에 신재생에너지에 투자를 한다면 만족스러운 결과를 얻을 수 있다. 장기적으로 한국은 외부 에너지 의존도를 낮출 수 있을 것이다.

# PART 2

# 신제조
# 패러다임

# 제조업 깡패 된 미국…
# 팔 비틀어 공장 유치

"우리의 최우선 과제는 미국을 새로운 일자리와 제조업을 끌어당기는 자석으로 만드는 겁니다."

2013년 2월 12일. 버락 오바마 미국 대통령은 이날 연두교서에서 제조업을 국정의 최우선 순위로 올려놨다. 그는 캐터필러, 포드, 애플을 거론하며 지난 3년간 미국에서 50만개의 제조업 일자리가 만들어졌다고 자랑했다. 서비스산업의 본산 격인 미국의 대통령이 제조업으로 돌아가자고 국민들을 설득하는 이 모습은 이후 10년째 이어지고 있는 미국의 제조업 육성 정책의 예고편이었다. 미국은 서비스산업 비중이 높은 게 선진 산업구조라는 환상을 이때 버렸다.

위기는 교훈을 남긴다. 2008년 글로벌 금융위기를 통해 미국이 얻은 교훈은 제조업의 중요성이었다. 경제성장과 고용창출의 원동력이 제조업에 있음을 국가 차원에서 각성한 것이다. 그 대표적 결과물이 오바마 행정부가 2012년 내놓은 제조업 르네상스 정책이다.

미국이 20세기 후반부터 30년 넘게 택해 온 제조업 글로벌 분업화 체계도 옛말이 된 지 오래다. 그동안 미국은 설계, 첨단제품 테스트베드, 연구개발 같은 고부가가치 영역은 자국 내에서, 실제 제조는 인건비가 싼 개발도상국에서 하는 분업체계를 금과옥조처럼 여겼다. 하지만 자국 내 공장이 없다는 게 얼마나 위험천만한 일인지 깨닫기 시작한 게 글로벌 금융위기 즈음부터다.

바이든 행정부 들어 미국은 세계의 일류 공장들을 자국으로 들이기 위한 정책에 드라이브를 걸고 있다. 보조금 지급과 세금 감면 같은 인센티브를 지급하는 유화

텍사스 오스틴에 위치한 삼성전자 파운드리 공장.

책과 동시에 미국 중심으로 재편하는 공급망 체계에 동참을 종용하는 압박을 가하고 있다. 미국이 한국, 대만과 같은 우방 제조강국들에 가하는 압박은 1980년대 세계를 호령했던 일본 반도체 산업의 숨통을 틀어쥐었던 미·일 반도체 협정과 플라자 합의를 떠올리게 한다. 1980년대 NEC, 도시바, 히타치, 후지쓰, 마쓰시타(현 파나소닉) 등 일본 5대 메이커가 세계 반도체 시장을 장악하며 D램 시장에서 일본 기업의 총 점유율은 80%에 달했다. 하지만 미·일 반도체 협정과 플라자 합의 이후 일본은 한국과 대만에 반도체 주도권을 넘겨줘야 했다.

2023년 상반기 현재 바이든 정부의 미국 중심 공급망 정책은 단순히 미국 제조업 육성을 넘어 안보 정책으로 인식되고 있다. 바이든 대통령은 2023년 신년 국정연설에서 '미국을 위한 공급망은 미국에서 시작한다(the supply chain for America begins in America)'고 선언했다. 미국 내부의 자체 생산역량을 강화하고,

조 바이든 미 대통령이 2022년 11월 미시간주 베이시티에 위치한 SK실트론CSS 공장을 방문한 모습.　　　　　　　　로이터연합뉴스

수입에 대한 의존도를 줄여서 미국 중심 공급망으로 성장과 안보를 모두 잡겠다는 것이다.

바이든 정부의 미국 중심 공급망 정책은 2021년으로 거슬러 올라간다. 코로나19 팬데믹 기간 중 발생한 필수 의료품 부족과 반도체 수급난, 그리고 미·중 갈등 심화로 공급망 안정성이 경제성장과 안보의 핵심 과제로 부상했다. 바이든 대통령은 취임 직후 반도체·배터리·희소광물·의약품 등 4개 핵심 품목과 국방·보건·에너지·정보통신기술(ICT)·운송·농업 6대 산업의 공급망 취약점을 검토해 공급망 회복력을 강화할 수 있는 범정부적인 대책을 수립할 것을 지시했다.

이 과정에서 바이든 정부는 미국 공급망이 취약한 주원인을 제조업 붕괴에서 찾았다. 지난 20여 년간 미국 기업들이 비용 절감을 위해 공장을 해외로 이전하는 오프쇼어링(타국으로 생산설비 이전)을 광범위하게 진행하면서 미국 내부의 제

## 강력한 자국 우선주의 법안 제정

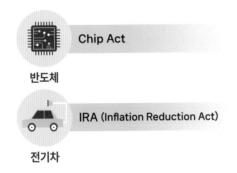

| | |
|---|---|
| **Chip Act**<br>반도체 | • 제조 시설, 장비 투자 시 세제 혜택<br>• R&D 프로그램 보조금 지원 |
| **IRA (Inflation Reduction Act)**<br>전기차 | • 북미산 전기차에만 보조금 지급<br>• 배터리에 미국 부품·핵심 광물 일정 비율 써야 |

조 역량과 혁신 역량이 무너졌다고 분석했다. 반면 미국이 유일한 경쟁국으로 보고 있는 중국은 공정무역 수준을 벗어난 광범위하고 체계적인 산업지원 정책을 통해 중국 중심 공급망을 구축했다고 판단했다. 이런 인식하에 바이든 정부는 미래 산업 발전과 경제안보에 중요한 역할을 하는 첨단산업을 육성하고자 조달 예산을 활용해 수요를 직접 창출하는 것으로 산업전략을 재수립했다. 또 과감한 연구개발 지원, 설비투자에 대한 세제 혜택과 투자 유인을 제공해 해외로 나간 미국 기업들의 리쇼어링(본국으로 생산설비 회귀)과 외국인 기업의 온쇼어링(생산설비 본국 유치)을 촉진한다는 게 바이든 정부 제조업 정책의 핵심이다.

지난 2년간 바이든 정부의 제조업 육성 3법, 즉 초당적 인프라법 · 반도체와 과학법 · 인플레이션 감축법 등이 바로 이러한 정책적 기조에서 만들어졌다. 1조2000억달러가 투입되는 인프라 투자 및 일자리 법에 '바이 아메리칸(Buy American)' 규정을 적용해 도로 · 교량 등 공공 인프라 건설에 미국산 자재를 사용할 것을 요구하고 있다.

또한 반도체와 과학법은 미국에 반도체 공장을 건설하는 기업에 보조금 390억달러와 시설 · 장비 투자에 대한 25% 세액공제를 지원하고 있다. 법안 통과 후 인텔 · 마이크론 · 삼성전자 · SK하이닉스 · TSMC 등 35개 글로벌 반도체 기업이 총 2000억달러(약 252조6000억원)에 달하는 천문학적 규모의 반도체 설비투자 계획을 발표했다. 2022년 전 세계 반도체 설비 투자액이 1855억달러라는 점을 감안하면 미국이 반도체 설비투자 점유율 세계 1위로 부상할 것은 명확하다. 또한 인플레이션 감축법에서는 전기차 세액공제(차량당 최대 7500달러)를 미국에서 조립된 전기차에만 허용하도록 규정하고 있고, 배터리에 사용되는 핵심 광물과 부품의 일정 비율 이상을 미국 또는 미국과 자유무역협정(FTA)을 체결한 국가에서 생산하도록 요구하고 있다. 미국 전기차나 배터리 제조시설 투자는 최대 30%, 배터리·태양광·풍력 부품 생산시설 투자는 최대 10%의 세액공제 혜택을 주고 있다.

바이든 정부는 여기서 한발 더 나아가 우방국 기업들의 팔을 비트는 완력도 서슴지 않고 사용한다. 미국 상무부는 2023년 2월 미국에 투자하려는 반도체 기업에 대해 까다로운 지원금 지급 기준을 내놓았다. 지원금을 신청하는 기업은 미국 국가안보기관에 미국 내 생산시설에 대한 접근을 허용해야 하고 재무건전성을 입증할 수익성 지표 등도 제출해야 한다. 이 과정에서 핵심 기술과 경영 관련 기밀이 노출될 우려가 있다. 예상을 초과하는 이익의 일부를 미국 정부와 공유해야 한다는 내용도 포함됐다. 아울러 보조금을 받게 되면 중국 내 생산능력을 10년간 확대할 수 없다. 중국에 공장을 가진 삼성전자와 SK하이닉스에는 직격탄이다. 과연 미국이 자유시장경제를 하는 나라가 맞는지를 의심하게 할 정도다.

미국 비영리단체의 리쇼어링 이니셔티브에 의하면 미국 기업의 리쇼어링과 외국인 직접투자로 2022년에 새로운 일자리 35만개가 만들어졌다. 또 미국 내 신규 일자리를 가장 많이 창출한 국가는 한국으로 총 34개 기업이 일자리 3만5404개를 창출했다. 지난 2년간 한국 대기업이 발표한 미국 투자액은 1000억달러(약 127조원)로 반도체·자동차·2차전지·태양광 등 바이든 정부가 선정한 첨단 제조업 시장을 선점하기 위해서 우리 기업이 빠른 속도로 공급망 현지화를 시도한 결과다.

이제 미국은 전 세계 첨단 제조업 공급망과 가치사슬을 자국 중심으로 재편해 중국과 첨단 제조업 패권 경쟁을 준비하고 있다. 그동안 미국이 설계한 제조업 분업화 체계에서 한 축을 맡아 성장해 왔던 한국 입장에서 전략적 숙고가 깊어질 수밖에 없는 상황이다.

# 세계 1위 제조강국 꿈꾸다
# 일격당한 중국

미국의 파상공세 가운데 세계의 공장 중국은 일단 주춤하는 모습이다. 게다가 2020년 초 코로나19가 발발한 이후 제로 코로나 정책을 고수한 터라 엔데믹이 본격화한 2023년에도 중국 제조업 전반이 이전과 같은 활기를 되찾지는 못한 모습이다. 다만 10대 전략산업 핵심부품의 70%를 국산화하는 것을 골자로 하는 '중국 제조 2025 전략' 기조를 이어가며 미국의 급소를 찌를 방안을 모색하는 모습이다.

중국 국무원이 2015년 5월 발표한 '중국

중국 제조 2025 홍보 시각물.

제조 2025'는 제조업 강국 대열에 오르기 위한 전략과 실천 방안을 담고 있다. 주요 육성 분야는 △정보기술(IT)·반도체 △로봇·무인기(드론) △항공우주 △해양공정·첨단선박 △친환경 고효율 자동차 △전력설비 △농기계 설비 △신소재 △선진 궤도 교통설비 △바이오·첨단 의료기기 등이다. 중국 당국은 2025년까지 제조업 강국 대열에 진입하고, 2035년까지 제조 선진국과 어깨를 견주는 수준으로 제조기술을 끌어올리며, 2050년까지 세계 제조업을 선도하는 국가로 올라선다는 단계별 목표를 설정하고 있다.

산업화와 이를 통한 부국강병은 청말(淸末)의 양무운동부터 중국이 끊임없이 추구하던 목표이다. 중국이 2015년 발표한 '중국 제조 2025'는 양무운동의 연장선에서 이해할 수 있다. '중국 제조 2025'는 독일 정부가 경쟁력 강화를 위해 추진 중인 '인더스트리 4.0' 프로젝트의 중국판이다. 목표는 10년 안에 중간 수준의 제조강국에 진입하는 것이다. 구체적으로는 1인당 제조업 부가가치(MVA)에서 미국, 독일, 일본 등 대표적인 제조강국의 문턱까지 추격하는 것이다.

중국 제조업을 4세대로 분류한다면 1.0은 1980년대 이전의 군수산업, 중공업 중심시대이다. 그리고 1980~1990년대에 경공업 위주의 2.0시대가 시작됐다. 21세기 들어 세계무역기구(WTO) 가입과 더불어 중국 제조업이 한 계단 올라섰으며 인터넷의 확산과 더불어 3.0시대가 시작됐다. 이때부터 중국 제조업은 단순 조립 상품을 지나 중(中)부가가치 제품을 생산하기 시작했다. 중국이 진정한 첨단 제조강국 대열에 들어서는 시점부터 중국 제조업의 4번째 세대가 열리게 된다. 중국 애초 목표대로라면 2025년, 미국의 집중 견제로 이 시기가 늦춰진다면 2035년 이후가 될 수도 있다.

현재 중국 제조업이 직면한 위기 요인은 대내외적으로 얽혀 있다. 일단 미국의 집중적인 견제다. 바이든 행정부의 인플레이션 감축법(IRA), 반도체 지원법, 인프라법은 궁극적으로 중국을 포위하는 데 방점이 찍혀 있다. IRA는 미국이나 미국과 자유무역협정(FTA)을 맺은 나라에서 생산한 배터리 재료(광물)를 사용한 전기차에 한해 세액공제 혜택을 제공한다. 배터리 광물 조달 비중이 2023년까지 40%, 2029년까지 100% 충족해야 보조금을 받을 수 있다. IRA는 배터리 핵심광물을 장악하고 있는 중국을 타깃으로 하고 있다.

## 美 압박에… 제조강국 프로젝트 재가동

**금융지원**

중국 내 IC사업
공장 건설 시,
현금 지급 및 법인세 감면

**제도 개혁**

외국기업 지분
제한 폐지해
해외 기업 공장 유치

**민관 협력 확대**

5G시장 선점 목표
정부, 기업, 학계
워킹그룹 신설

**인재 양성**

제조혁신능력센터
2025년까지
40개 건설

실제로 미국 외교전문지 포린어페어스는 "IRA의 주요 목적은 전기차, 배터리, 재생에너지 등에 필수적인 리튬, 니켈, 망간, 흑연 등 핵심광물의 미국 내 생산을 확대하려는 것"이라며 "20세기가 석유를 확보하기 위한 전쟁을 특징으로 한다면 21세기는 핵심광물을 차지하기 위한 싸움으로 정의될 것 같다"고 했다. 결국 미국은 자체적으로 핵심광물을 100% 확보할 수 없는 만큼 협력을 통해 자원부국들을 끌어들여 핵심광물 공급망을 구축하려는 구상을 갖고 있는 것으로 보인다.

미국이 2022년 8월 제정한 반도체 지원법 역시 반도체 공급망에서 중국을 배제하는 것으로 귀결된다. 미국은 $14nm$ 이상의 시스템반도체, $18nm$ 이상급의 D램, 128단 이상 낸드플래시를 생산할 때 필요한 반도체 장비를 중국에 수출하려면 미국 정부의 허가를 받도록 했다. $14nm$ 기술은 세계 파운드리(반도체 수탁생산) 1, 2위인 대만 TSMC와 삼성전자가 이미 2015년께 상용화한 기술로 이들 두 국가는 미국의 프렌드쇼어링(우방국끼리의 공급망 구축)의 주요 축이다. 또 $7nm$ 이상 공정에 필수적인 극자외선(EUV)노광 장비를 독점하고 있는 네덜란드 ASML도 미국 요청에 따라 중국 기업에 대한 판매를 중단했다.

중국 제조업의 위기는 내부적으로도 존재한다. 중국은 인구 구조조정 및 저출산, 고령화 등 시대에 따라 노동력 부족, 물가 및 생산비용 상승 문제에 직면해 있다. 중국은 2016년 출생 인구가 1889만명으로 정점을 기록한 이후 2021년까지 지속적으로 출생 인구가 감소하고 있으며, 출생률도 빠른 속도로 줄어들고 있다. 이런 중국의 인구 감소 및 고령화에 따라 향후 타 선진국과 마찬가지로 중국 역시 노동력 부족이 예상되는 상황이다. 중국은 이에 따라 이제까지의 성공 방정식에서 탈피해 스마트제조로 제조업 성장 전략을 새로 수립하고 있다. 특히 코로나19로 중국 내 제조업은 빅데이터를 기반으로 한 사물인터넷(IoT), 인공지능(AI) 등 디지털 기술을 활용한 스마트제조로 재편되고 있다.

중국 중상산업연구원(中商产业研究院)에 따르면 중국 스마트제조 시장 규모는 2조위안으로 추정되는 가운데, 2020년 기준 연평균 10% 이상의 성장세를 기록 중이다. 중국 내 스마트공장 시장 규모는 2020년 8560억위안에서, 2025년 1조4000억위안으로 성장할 것이라는 관측도 나온다. 프랑스 컨설팅회사인 캡제미니(Capgemini SE)는 중국이 2017~2019년 사이 전 세계에서 스마트공장을 가장 많이 구축한 국가였다고 분석했다.

아울러 중국은 2023년 3월 미국 반도체 기업 마이크론에 대한 규제에 나서며 맞대응을 시작했다. 중국 정부가 미국 반도체 기업에 제재를 가한 것은 마이크론 규제가 처음이다. 이 같은 규제로 마이크론도 타격이 불가피하게 됐다. 마이크론에 중국은 미국, 대만에 이어 세 번째로 큰 시장이기 때문이다. 중국의 이런 조치는 삼성전자와 SK하이닉스를 비롯해 중국에서 반도체 제조 시설을 운영하고 있는 미국 우방국 기업에도 미국의 행동을 따르지 말라는 경고 신호를 보내는 것으로도 풀이된다.

또 미국이 보조금을 풀면서 전 세계 첨단산업 공장을 자국으로 유치하는 데 맞대응해 중국 중심 제조동맹을 구축하는 작업에도 나서고 있다. 중국은 3500억위안(약 66조5000억원)의 탄소중립 예산을 편성해 보조금을 지급할 예정이다.

아울러 시간이 걸리더라도 자국 반도체 기술력을 끌어올려 서방세계로부터 탈피하려는 움직임도 감지된다. 중국의 정부 펀드인 '국가집적회로산업투자기금'이 자국 최대 메모리반도체 회사인 양쯔메모리테크놀로지(YMTC)에 129억위안을

## 우울한 진단 쏟아지는 중국 경제

**리커창 중국 총리**
"코로나19 확산과 국제 정세 변화로 경제 하방 압력 한층 커져"

**산웨이젠 PAG 회장**
"현재 중국 경제는 30년 만에 최악의 상태에 있다"

**쉬젠권 베이징대 교수**
"2022년 코로나 쇼크였던 2020년 성장률(2.2%)도 달성 못해"

**중국 연도별 경제성장률**
자료=중국 국가통계국, WND

7.0% 6.8% 6% 2.2% 8.1% 3.0~4.5%

2017년 2018년 2019년 2020년 2021년 2022년 시장 추정치

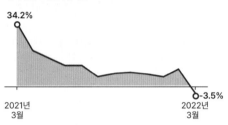

**마이너스로 전환한 중국 소비**
*중국 월별 소매판매 증가율.

34.2%

-3.5%

2021년 3월 / 2022년 3월

신화=연합뉴스

투자할 계획이다. 이 펀드는 2014년 중국 정부가 자국 반도체 산업을 육성하기 위해 조성한 것으로, 중신궈지(SMIC)와 YMTC 등 중국 100여 개 반도체 제조·설계·패키징·설비·소재 등 기업에 집중적으로 투자해 왔다. 미국 압박에 중국이 자국 반도체 산업에 집중 투자하는 정공법을 택한 것으로 볼 수 있는 대목이다. 다만 중국의 이 같은 움직임은 미국의 숨막히는 압박에서 택할 수 있는 카드가 몇 장 없는 상황에서 나온 것으로 중국이 미국·한국·대만·일본 등 반도체 동맹과의 반도체 기술 격차를 좁혀 나갈

지는 불투명한 상황이다.

# 부자는 망해도 3대…
# 제조강국 일본의 부활

일본은 아시아의 전통 제조강국이다. 관동 지방에서 규슈 북부 지역에 걸쳐 많은 공장이 띠처럼 늘어서 있어 이를 두고 '태평양 벨트'라고 부른다. 그중에서도 게이힌 공업지대는 중화학·기계공업의 대규모 시설이 많이 존재하는 것으로 유명하다.

미국의 대표적인 동아시아 전문가 에즈라 보걸 전 하버드대 교수는 1979년 저서 '재팬 애즈 넘버원(Japan As No.1)'을 통해 일본 기업 경영의 우수성을 높게 평가했다. 일본 제조업의 특징은 서양의 기술과 방식을 받아들여 자신들의 토양과 문화에 맞춰 일본화한 것이다. 여기에 일본 특유의 장인정신도 제조업 성공을 일군 원동력이다.

실제 일본에는 도요타, 캐논, 소니, 덴소, 파나소닉 등 글로벌 메이커가 많다. 또

에즈라 보걸 전 하버드대 교수의 저서 '재팬 애즈 넘버원(Japan As No.1)'.

한 높은 기술력으로 글로벌 틈새시장에

## 일본, 공장 신설에 조 단위 파격 지원

| 해외기업 공급망 다각화 니즈 증가 | 첨단제조업 경쟁력 위기감 | 생산 시설에 압도적 지원 |
|---|---|---|
| "주요 도시 코로나 봉쇄, 러시아 전쟁으로 생산 차질 쇼크 경험… 기업들은 위험 관리 위해 생산지역 다변화 노력 중" <br><br> _WTO 전문가 | "일본은 첨단기술에서 한국 삼성전자, 미국 인텔 등에 10년 뒤진 후진국… 지금이 반도체산업 마지막 기회" <br><br> _일본 경제산업성 | · 구마모토현 내 TSMC 공장 설립에 4조6000억원 보조금 지원 <br> · 공업용수 확보, 도로 정비 등 지원 |

서 선두권을 형성하는 중소기업들도 즐비하다.

일본 대표기업인 도요타는 1951년 300여 대에 불과하던 대미(對美) 수출 물량이 현재는 250만대에 이른다. 도요타는 2021년 미국 시장에서 89년 만에 제너럴모터스(GM)를 제치고 1위를 차지했다.

도요타의 '린(Lean)' 경영은 일본 특유의 경영방식을 대표한다. 일본 도요타자동차 제조방식인 린은 생산 과정에서 시간·물자 낭비를 없애 효율을 높이는 경영·제조 방식을 일컫는다. 즉 더 많이, 미리 생산하면 운송, 저장 과정에서 비용이 들고, 작업자들이 필요 이상의 시간을 소모하는 것도 비용 낭비라는 것이다. 작업자들의 동작 또한 공학적으로 최적화돼야 한다는 게 도요타가 린 시스템으로 추구하는 노동방식이다.

하지만 버블 붕괴 이후 2000년대 들어선 일본 제조업도 침체기를 겪었다. 반도체, 가전 분야에선 한국과 대만에 선두 자리를 내주었다. 스마트폰 같은 새로운 트렌드에도 속수무책으로 대응하지 못하는 모습이었다. 잃어버린 10년으로 불리는 장기 경기침체와 엔고 등으로 경영환경이 악화되면서 제조업 경쟁력 또한 하락한 것이다. 이 과정에서 산요와 엘피다 같은 기업들이 도산하기도 했다.

2012년 아베 정권 탄생 이후 일본은 제조업 부활에 박차를 가했다. 과거 6중고

일본 구마모토 TSMC 공장 부지 전경
연합뉴스

를 겪던 시기 해외거점 구축, 사업 다각화 등으로 기초체력을 길러 온 기업들은 엔저로 수출 경쟁력까지 확보했다.

일본 정부는 2021년 5월 발표한 '2021년 제조백서(모노즈쿠리 백서)'에서 일본 특유의 아날로그 체제를 탈피해 나가겠다는 의지를 천명했다. 제조업이 디지털화 · 서비스화하는 상황에서 옛 체제를 존속할 순 없다는 위기감이 읽힌다. 일본 정부는 이러한 미 · 중 무역 마찰, 중국 등의 신흥국 경제 침체, 미래에 대한 불투명성 등을 자국 제조업 환경을 어렵게 하는 요인으로 꼽았다. 그러면서 '공급망의 체질 개선(강인화)' '그린(친환경)' '디지털' 등 3가지를 자국 제조산업 앞에 놓인 과제로 지목했다.

일본 기업들은 코로나19라는 재난적 상황과 미 · 중 패권갈등이라는 국제정치적 충돌 국면에서 자신들이 구축한 공급망의 취약성을 절감했다. 현재 일본은 공급망 리스크 분산을 위한 공급망 재편 움직임을 가속화하고 있다. 특히 중국에서 ASEAN 등 동남아 국가로의 이동 동향이 포착된다. 니혼게이자이신문의 2020년 5월 조사에 따르면 일본 기업인들은 공급망 재편이 필요하며(72.1%), 구체적으로는 중국 등 특정국에 집중된 공급망을 분산해야 한다(57.1%)는 의견을 냈다. 향후 공급망은 미래 산업 경쟁력과 직결되는 반도체 · 배터리 · 최첨단 소재 부품 등을 자국을 중심으로 확충하겠다는 게 일본 정부의 구상이다.

이 같은 구상의 구체적인 액션이 바로 2022년 대만의 파운드리 업체 TSMC 공장 유치다. 세계 최대 파운드리(위탁생산) 업체인 TSMC가 일본 정부로부터 막대한 지원을 받으며 2024년 준공을 목표로 일본에 1조1000억엔을 투자해 23만 $m^2$ 규모의 용지에 공장을 짓고 있다. 이곳에서는 12나노미터($nm$·10억분의 1m) 공정을 활용해 월 12인치 웨이퍼 4만 5000장이 생산될 예정이다. 일본 정부는 TSMC 공장 건설에 투자금액의 절반에 육박하는 4760억엔(약 4조6000억원)을 지원한다. 일본 기업에 필요한 반도체 생산을 위해 TSMC 공장이 꼭 있어야 한다고 판단해서다.

일본의 이 같은 움직임은 자강 전략을 넘어 타국과 연합을 통해 제조업을 강화하는 것으로 전략을 수정했다는 점에서 눈길을 끈다. 'Japan as No.1'으로 불릴 만큼 자존심이 높던 일본이 한 수 아래로 봤던 대만과 손을 잡는 것은 그만큼 첨단산업에서 위기감이 크고, 격차를 줄이겠다는 의지 또한 강한 것으로 풀이할 수 있다.

이는 한국 제조업에도 강력한 위협이 될 것으로 보인다. TSMC는 이미 삼성전자를 넘어서는 실적을 올리고 있다. 여기에 일본이 가진 소재·장비 기술력이 합쳐지면 파운드리 업계에서의 영향력은 더욱 커질 것으로 전망된다.

일본은 여기에 미국이 주도하는 프렌드쇼어링(동맹국과 산업 공급망을 구축하는 전략)에도 적극 동참하고 있다. 제조업에서의 세계화 시대가 막을 내렸다는 판단하에 미국이 주도하는 공급망 재편의 한 축을 맡는 것으로 전략을 세웠다는 것이다.

실제 일본 정부는 2023년 1월 미국의 대(對)중국 전선(戰線)에 동참해 일본 반도체 제조 장치의 중국 수출을 사실상 금지한다는 방침을 밝혔다. 일본 반도체 장치의 연간 중국 수출액은 전체 수출액의 33%인 10조원 수준이다. 도쿄일렉트론 같은 자국 반도체 제조 장치 업체들의 희생을 감수하더라도 미국의 공급망에 미적거리지 않고 적극 동참하겠다는 것이다.

# '중국 따돌리기'…
# 미국과 보조 맞추는 유럽

유럽연합(EU)도 인구 5억명의 시장을 앞세워 유럽판 인플레이션 감축법(IRA)으로 불리는 핵심원자재법(CRMA) 제정에 나섰다. 이 법은 리튬 등 핵심 원자재에 대한 제3국 의존도를 65% 미만으로 낮추는 게 골자다.

즉 전기차 배터리, 태양광 패널 등 친환경 산업에 필요한 핵심 원자재 생산량을 유럽 지역에서 더 늘리고, 수입 의존도는

CRMA를 주도한 우르줄라 폰데어라이엔 EU 집행위원장.        연합뉴스

줄이기 위한 내용들이 담긴 것이다. '최소한 10% 이상의 원자재(광물)를 EU 지역 내에서 채굴하고, 원자재를 가공할 수 있는 역량은 전체 수요의 40%까지 끌어올리겠다'는 목표다.

EU는 핵심 원자재의 수입 의존도가 아주 높다. 2020년을 기준으로 핵심 원자재의 3분의 2를 중국으로부터 공급받았을 정도다. 최근 유럽은 중국 의존도를 낮추려고 노력하고 있다. 중국에 계속 의존해서는 산업 경쟁력까지 넘겨줄 수 있다는 판단에서다.

핵심 원자재에 대한 제3국 의존도를 65% 미만으로 유지해야 한다고 규정한 건 결국 중국을 겨냥한 것이다. CRMA가 유럽판 IRA라고 불리는 이유다. 미국 IRA도 '미국이나 미국과 친한 나라의 원료'를 쓰라고 규정하면서 중국을 견제하는 데

주안점을 두고 있다.

EU의 또 다른 무기는 탈탄소 규제다. 주로 아시아권에 제조 생산기지가 몰려 있다는 점을 노려 강력한 탄소규제를 들이밀며 한국, 일본, 대만 같은 아시아 제조강국들과 격차를 줄이려 한다. EU가 2023년 초 내놓은 탄소중립산업법(NZIA) 초안에는 역내 친환경산업을 강화하기 위한 내용이 주로 담겼다. 배터리·태양광 등 8가지 산업을 '전략적 탄소중립 기술'로 규정하고, 2030년에 역내 제조 역량을 40%까지 달성한다는 목표다.

물론 채찍만 있는 것은 아니다. 미국이 보조금을 앞세워 첨단산업 공장들을 자국으로 블랙홀처럼 빨아들이는 데 대응해 EU도 전기차 배터리를 비롯한 친환경 산업에 대해 미국과 동일한 수준의 보조금을 주기로 했다.

EU가 2023년 3월 채택한 '한시적 위기 및 전환 프레임워크'가 이 같은 내용이 담긴 정책으로 2025년 말까지 보조금 지급 관련 규정을 대폭 완화하는 내용을 담고 있다. '우리도 미국, 중국만큼 보조금 줄 테니 유럽에서 생산해 달라'는 의미다.

'한시적 위기 프레임워크'로 명명됐던 기

## 유럽연합 보조금 정책

**핵심 원자재법**

- 최소 10% 이상 원자재를 EU 지역 내에서 채굴
- EU 수요의 40% 이상 원자재 가공역량 확보

존 보조금 관련 규정을 수정·확대한 것으로, 배터리, 태양광 패널, 탄소포집·이용 기술 등 핵심 청정 기술 관련 기업이 유럽에서 투자를 지속하도록 원활한 자금 조달 지원을 목표로 한다.

EU는 27개국으로 구성된 독특한 단일시장 특수성을 고려해 불공정 경쟁 방지 차원에서 각 회원국이 자국에 진출한 기업에 보조금을 주기 전에 반드시 EU 승인을 받도록 하고 있다. 보조금 관련 심사 절차가 복잡하고 요건도 까다로웠는데 보조금 빗장을 풀기로 한 셈이다.

이 같은 일련의 움직임은 EU도 제조업을 역내 안보 측면에서 인식하기 시작했다는 사실을 시사한다. 첨단산업 공장을 역내로 들이고, 민주주의와 시장경제라는 공통의 가치를 추구하는 국가끼리 공급

## 러시아~유럽 잇는 가스관

망을 구축하며, 독자적인 에너지공급망을 확보하는 게 무엇보다 중요하다는 사실을 코로나19와 미·중 패권경쟁, 러시아·우크라이나 전쟁에서 깨닫게 된 것이다.

그러나 유럽의 제조업은 인프라, 공급망 측면에서 여전히 취약한 곳이 많다. 유럽의 문화 자체가 글로벌화에 적극적인 터라 러시아, 중국 등 가치를 달리하는 국가들과도 전략적 접근 없이 지나치게 의존적인 관계가 설정되는 경우가 많다. 대표적인 게 러시아·우크라이나 전쟁으로 주목받은 유럽의 러시아에 대한 천연가스 의존도. 러시아가 서방의 제재에 반발해 유럽으로 향하는 가스관을 걸어 잠그자 서유럽에선 난방비가 급등하고 공

장이 멈춰섰다. 또 EU는 리튬과 마그네슘의 경우 중국에 90%가량을 의존할 정도로 중국에 대한 자원 의존도가 높다. 이렇다 보니 탈세계화 흐름 가운데서 확실한 방향을 잡지 못하고 어정쩡한 스탠스를 취하고 있는 게 유럽의 모습이기도 하다. 실제 유럽 내에선 탈세계화에 반대하는 목소리도 적잖다.

아울러 강력한 탈탄소 정책이 역내 제조업 성장을 저해하는 부작용을 낳고 있기도 하다. 실제 EU 집행위는 역내 재생에너지 비중 목표를 급격히 끌어올리고 있다. 당초 2021년 발표했던 목표는 20%인 재생에너지 비중을 2030년 40%로 높인다는 것이었다. 그러나 러시아의 우크라이나 침공으로 에너지 안보 불안이 커지자 집행위는 2022년 5월 이 같은 목표치를 45%로 끌어올렸다. 유럽 각국이 산업 비용을 고려하지 않은 채 재생에너지 목표를 끌어올리면서 제조업이 타격을 받고 있다. 비싼 재생에너지를 보다 저렴한 가격에 확보하는 게 제조업계 최대 목표가 됐다.

# "석유 언젠간 고갈"…
# 중동도 제조업 육성

중동에서도 한 세기 넘게 지속되고 있는 석유에 대한 의존에서 벗어나기 위한 움직임이 활발하다. 그 중심에 제조업 부흥 프로젝트가 있다.

사우디아라비아는 2014년 중반부터 시작된 저유가 추세 속에 석유 중심 경제 구조에 변화를 가하기 위한 정책 프로젝트인 '사우디 비전 2030'을 2016년 발표했다. 국가 재정의 70%가 석유에서 비롯되는 구조에 대한 불안감이 기저에 깔려 있다. 무함마드 빈살만 왕세자가 위원장으로 있는 경제개발위원회(CEDA)가 마련한 종합개혁안으로 사회문화, 경제구조 개혁을 포괄하고 있다.

특히 자국 내 해외기업들의 투자를 확대해 외국인 직접투자를 GDP 대비 현재의 3.8%에서 5.7%까지 확대하고 중소기업 비중도 GDP 대비 20%에서 35%로 끌어올린다는 구체적인 목표를 제시하고 있다.

이에 따라 외국인 직접투자는 꾸준히 늘고 있는데, 사우디에선 개인 소득세가 없고 법인세도 20%로 낮은 점이 유인으로 작용한다.

사우디의 산업단지관리공단 격인 MO-DON은 2019년 현재 35개 산단을 조성해 3474개의 공장을 유치했는데, 매년 1개씩 산단을 조성하는 상황이다. 산단 토지임대료는 1$m^2$당 50센트 정도로 무척 저렴하며 전기·가스·수도 등 유틸리티 가격도 민간의 10분의 1 수준이다.

외자 유치 프로젝트로 주목받는 게 네옴시티 사업이다. 네옴시티는 빈살만이 주도하는 프로젝트로, 사우디 서북부 타북주의 사막과 산악 지역에 2만6500$km^2$ 규모(서울 면적 44배) 저탄소 첨단도시를

사우디 비전 2030 홍보 이미지.

건설해 관광·레저·친환경 분야에서 새로운 도약을 이루겠다는 것이 골자다. 네옴시티는 크게 더 라인, 옥사곤, 트로제나 등 3개의 구역으로 나뉜다. 이 중 옥사곤이 현대적인 제조업을 유치하는 산업도시 역할을 맡게 된다.

지름 7km의 팔각형 모양인 옥사곤은 한마디로 말해 바다 위에 떠 있는 부유식 산업단지다. 옥사곤은 기술과 디지털 제조로 통신, 우주 기술, 로봇, 건설 등 산업을 육성하게 된다. 현재 옥사곤은 대형 제조시설 설계를 진행 중이다. 시설에는 세계 최대 규모의 그린 수소 프로젝트 및 모듈식 빌딩 공장, 지역 최대의 데이터 센터가 구축되고 있다.

옥사곤의 핵심은 사물인터넷(IoT), 인공지능, 지능형 로봇 등으로 완전 자동화된 제조생산과 물류이동 체계를 구축하는 것이다. 즉 진정한 의미의 4차 산업혁명이 구현될 수 있는 인프라가 총망라되는 미래의 제조도시가 될 것이란 얘기다. 나드미 알나스르 네옴 CEO는 언론 인터뷰

옥사곤 가상도.

에서 "옥사곤을 통해 세계가 제조업 중심
지를 바라보는 근본적인 변화가 있을 것"
이라고 말하기도 했다.

이렇게 하면 미래의 첨단 제조기업들이
네옴시티로 몰려들어 사우디가 미래 제
조업 혁신의 장이 될 것이라는 게 사우
디 정부의 구상으로 보인다. 완전한 탈탄
소 제조 환경 가운데 자동화·디지털화
된 공장이 인공지능에 의해 완벽히 통제
되며 생산된 제품들이 미래형 모빌리티
를 통해 배송되는 꿈이 현실이 되는 것이
다. 미래 첨단제조업을 꿈꾸는 빅테크 기
업들과 전통 제조강자들이 앞다퉈 사우
디로 몰려가게 될 것이다.

중동의 또 다른 경제강국 아랍에미리트
(UAE)도 포스트 석유 시대를 대비해 제

조업 육성에 속도를 내고 있다. 핵심 토
후국인 아부다비와 두바이는 제조업 특
화 산업단지를 건설해 전 세계 제조업체
들의 관심을 유도하고 있다.

제조업 육성 프로젝트 중 하나가 '아부다
비 경제비전 2030'으로 금속제품, 건설자
재, 석유화학, 항공우주, 방위산업, 산업
기자재 등 7개 분야 제조업을 집중 육성
해 2030년까지 GDP에서 비석유 분야 비
중을 64%로 끌어올린다는 게 목표다.

두바이도 '두바이 산업전략 2030'을 수
립하고 항공·우주, 해양, 알루미늄·금
속 가공, 제약·의료기기, 산업기계 등
6개 산업을 집중 육성한다는 청사진 아
래 프로젝트를 진행 중이다. 항공·우주
산업의 경우 두바이가 글로벌 항공 허브

2022년 11월 방한한 빈살만 사우디 왕세자를 접견하고 있는 국내 주요 기업 총수들.
사우디 국영통신 SPA 홈페이지 캡처

라는 이점을 활용해 항공산업 연구개발 (R&D) 허브로 육성하고 항공 부품 국산화를 추진한다는 계획이다.

두바이는 세계 최대 알루미늄 제련처 중 한 곳으로 연간 생산량(240만t)의 약 90%를 수출한다. 알루미늄이 항공산업 주요 소재라는 점도 항공·우주산업 육성에 집중하는 이유다.

해양 역시 자국의 지정학적 위치와 인프라를 최대한 활용하기 위해 선택한 산업이다. 두바이는 중동 최대 항구인 제벨알리(Jebel Ali) 항을 활용해 드라이독을 대거 구축해 전 세계 선박들이 이곳에서 유지·보수 관리를 받도록 한다는 밑그림을 그리고 인프라 확충에 주력하고 있다. 중동 국가들이 전통 제조강국은 아니지만 막대한 오일머니를 기반으로 빠른 시

간에 제조기반을 확충할 가능성은 얼마든지 있다. 아부다비와 두바이 정부는 전략적인 제조업 육성을 위해 각각 세나트(Senaat), 두바이 홀딩(Dubai Holding)이라는 투자 지주사를 두고 있다. 이 중 두바이 홀딩은 인터넷 시티, 아웃소스 시티, 미디어 시티, 지식 공원, 산업 공원 등 각종 산업특화단지를 조성하여 제조산업 다각화에 나서고 있다.

아부다비 국영 투자사인 무바달라 투자회사 역시 알루미늄 제련회사인 에미리트글로벌알루미늄, 방산업체인 아부다비조선·에미리츠디펜스인더스트리, 항공회사인 스트라타 등에 주요 투자자로 자금을 대고 제조업 육성의 마중물 역할을 하고 있다.

중동 최대 항구인 제벨알리(Jebel Ali).
위키피디아

# 제조업 디지털화=자동화?…
# 미래에는 데이터 처리가 핵심

제조업의 디지털화는 오늘날 전 세계에 닥친 3대 제조업 패러다임 변화(탈세계화, 디지털화, 탈탄소화) 가운데 가장 오래되고 친숙한 개념이다. 일반 대중에게는 '스마트공장'이란 표현으로 불리며 10

여 년 전부터 활발히 논의됐던 주제고, 특히나 제조업 의존도가 높은 한국에서는 정부와 기업을 가리지 않고 제조업 디지털화를 우선과제로 삼아왔다.

조금만 실상을 들여다보면 한국의 제

**AI 기술 발전 따라 생산 공정 디지털화 가속**

불멸의 제조업    **57**

매일경제신문과 인터뷰하는 헤닝 카거만 교수.

조업 디지털화와 스마트공장 정책은 세계적 트렌드와 적잖이 괴리돼 있다. 한국에서는 흔히들 제조업 디지털화를 떠올릴 때 수많은 로봇팔과 컨베이어벨트로 가득찬 공장을 연상한다. 그러나 이는 제조업 디지털화라는 광범위한 개념의 일부분인 자동화에 국한된 이미지다. 2010년대 중반부터 이어져온 정부의 스마트공장 정책도 상당수가 자동화 개념에 갇힌 실정이다. 자동화의 시각적 효과가 강하고, 도입 후의 기대효과도 명확해 정부와 기업의 정책 결정자들에게 좋은 인상

을 줄 수 있는 덕분이다.

반면 미국·독일·일본과 같은 제조업 선도국가에서는 대용량의 공정데이터를 생성하고 이를 실시간으로 분석해 생산성을 혁신하는 개념의 디지털화에 방점을 둔다. 도입 시점에는 그 결과를 쉽게 예측할 수 없지만, 생산성 향상의 기댓값은 훨씬 높은 덕분이다.

### '4차 산업혁명'의 발상지 독일

오늘날 제조업 디지털화와 동의어로 쓰이는 '4차 산업혁명'이란 용어는 세계경

제포럼(WEF) 설립자인 클라우스 슈바프 회장이 창안한 것으로 알려졌지만 그 원류는 2000년대 초반 독일 정부의 정책이다.

독일은 자국에 닥쳐 올 제조업 위기를 체감하고 제조업 패러다임을 연구하기 시작했다. 중국의 저비용 노동력이 전 세계 제조업의 단가 경쟁력을 추락시키고 있었기 때문이다. 독일 제조업은 말 그대로 '사즉생(死卽生)'의 각오로 변해야 했다. 수익성을 따지기 이전에 생존의 문제였던 것이다.

독일연방인공지능연구소(DFKI)주도로 2005년 시작된 '스마트팩토리KL' 프로젝트는 오늘날 독일의 4차 산업혁명 국가정책인 '인더스트리 4.0'의 원류로 일컬어진다. 독일에서는 앙겔라 메르켈 총리가 당선된 이듬해인 2006년부터 범정부 차원에서 제조업 혁신을 위한 연구개발 전략을 세웠다. 2012년에는 공식적으로 '인더스트리 4.0'이라는 명칭을 붙였다.

2013년에는 헤닝 카거만 전 독일 공학한림원(Acatech) 회장 등이 주축이 돼 독일에 4차 산업혁명을 본격 도입해야 한다는 보고서가 등장했다. 제조업 분야에서 4차 산업혁명이란 개념이 본격적으로 널리 퍼진 계기가 된 보고서다. 이 보고서는 현실과 사이버(디지털 트윈) 공장을 통합·운영하고, 시장 수요에 재빠르게 대응해 생산력을 높이며 자원 활용의 효율성을 최적화하라는 내용을 담았다.

또 기업의 스마트공장은 공장 설비와 기계가 사물인터넷(IoT)으로 연결돼 현장 근로자의 작업을 지원해야 한다는 개념도 소개됐다. 이로 인해 데이터 취합과 접근이 쉬워져 고객 맞춤형 생산으로 전환한 독일 기업이 늘어났다. 취합 데이터는 공정을 더욱 효율적으로 바꿔 시장에 더 빨리 대응할 수 있도록 했다. 이제는 독일의 산업 현장별로 디지털 플랫폼이 구축되는 중이다.

디지털화·자동화로 단순 반복 노동은 사람이 아닌 기계가 하게 될 것이라는 점은 분명하다. 이 분야 종사자는 다가올 변화에 대해 재교육 등으로 준비해야 한다. 공장에서 노동 부담이 큰 단순 반복 작업이 사라지면 오히려 사람은 더 창의적인 일을 할 수 있는 재량이 커진다. 중소기업들은 기계를 어떻게 활용해 작업을 개선하느냐에 따라 경쟁사와 차별되는 경쟁력을 갖게 될 것이다. 이런 역할을 사람이 할 수 있다. 나아가 사람-기계 협동 작업도 미래 공장에서는 유용할 것이다.

# 데이터 분석을 통한 소비자 맞춤생산, 제조업의 서비스화

제조업의 디지털화는 공장에서 이뤄지는 생산과정의 전후단계에서 발생하는 데이터까지 활용하는 제조업의 서비스화 개념도 포괄한다. 서비스화란 '기획-생산-유통-판매-유지보수' 등 제조 전 과정에서 서비스를 부가하거나 신규 서비스를 파생시켜 새로운 부가가치를 창출하는 것을 의미한다. 플랫폼 경제 확산은 산업 간 경계가 허물어지는 빅블러(Big Blur) 현상이 벌어지며 이 같은 제조업의 서비스화가 촉진됐다. 차량공유 서비스 우버(Uber)가 제조업 서비스화의 상징적 사례다. 대표적인 제조업 분야로 인식되어 온 자동차 산업에서 우버는 플랫폼에 기반한 새로운 공유경제 비즈니스 모델로 자사 차량 소유 없이도 GM, 포드의 시가총액을 뛰어넘는 기염을 토했다. 제조업 성장 한계 봉착, 공급자 중심 경제에서

수요 맞춤형 생산으로의 패러다임 전환, 공급망 관리 필요 등으로 제조업의 서비스화 중요성이 부각된 계기였다.

글로벌 경기 침체, 중국 및 신흥국 급부상에 따른 제조 경쟁 격화, 글로벌 분업의 한계효용 체감 등으로 제조업 성장이 둔화된 것도 주요 요인이다. 2000년대 이후 제조업 부가가치 비중이 횡보하며 한국을 포함한 전 세계의 제조업 성장은 둔화돼왔다. 이를 타개하기 위해 제품과 서비스가 융합된 수요자 중심의 '온디맨드(On-demand)' 경제로 제조업의 패러다임이 변화했고, 기업들은 소비자 맞춤형 생산에 열을 올리는 중이다.

그 결과 과거 기업들의 경쟁력이 주로 제품의 가격과 품질에 의해 좌우되었던 것과 달리 오늘날에는 소비자의 다양한 수요 충족, 고객경험 중시 등의 가치가 높

아지면서 서비스화를 통한 경쟁력 확보가 필요해졌다.

서비스화를 통한 최적의 생산 및 사후관리도 제조기업의 필수 생존전략으로 급부상했다. 초개인화 시대가 도래하면서 고객 맞춤형 제품 및 서비스 개발의 중요성이 부각된 것이다. 초개인화는 실시간으로 소비자의 성향과 상황을 파악하고 분석해 최적의 상품 서비스 경험을 제공하는 기술을 뜻한다. 글로벌리서치 기업인 테크나비오에 따르면 인공지능(AI) 기술이 급속도로 발전함에 따라 글로벌 AI 기반 개인화 시장 규모는 2020년 5억 960만달러로 2025년까지 연평균 19.2% 성장할 전망이다. 또 글로벌 AI 시장은 2020년 479억달러 규모에서 연평균 21% 성장해 2025년 1244억달러에 달할 전망이다. 의약품 연구개발(R&D), 신소재 개발, 맞춤형 화장품 및 식품 개발 등 다양한 제조업 부문의 기획 단계에서 AI 기술이 활용된다.

맥킨지에 따르면 개인화는 소비자의 친밀감을 높여 기업 매출액을 일반적으로 10~15% 상승시키며, 데이터 활용을 극대화할수록 수익이 증가하는 것으로 분석됐다.

또 맥킨지의 설문조사 결과, 상품 추천- 구매-재구매 단계에서 각각 78%, 76%, 78%의 소비자가 개인화의 영향을 받는 것으로 응답했다.

국내외 제조기업은 R&D 및 설계 단계에서 AI 기반 서비스화를 통해 고객 수요를 발굴하여 맞춤형 제품을 기획하고 있다.

나이키는 D2C(Direct to Consumer) 전략과 함께 빅데이터에 기반한 고객 수요 분석을 통해 고객 경험 차별화에 성공한 대표적인 스타일테크 기업이다. D2C는 소비자 직접 판매 방식으로, 고객 데이터의 직접적인 수집·활용이 가능하고 팝업 스토어 등 고객 만족도를 높일 수 있는 다양한 시도가 자유롭다는 이점을 가진다. 나이키는 디지털 전환에 필요한 기술과 데이터 분석 역량을 강화하기 위해 다수의 AI 기술 기업에 투자했다.

나이키는 데이터 분석 기업 조디악(Zodiac), AI 기반 맞춤형 신발 제작 기업 인버텍스(Invertex), AI 기반 수요예측 및 재고관리 분석 기업 셀렉트(Celect), 데이터통합 플랫폼 스타트업 데이터로그(Datalogue) 등을 인수한 바 있다. 코로나19 확산 속에서도 나이키는 디지털 전환을 통해 구조적인 성장세에 올라서며 2021년 디지털화를 통한 매출은 2019년

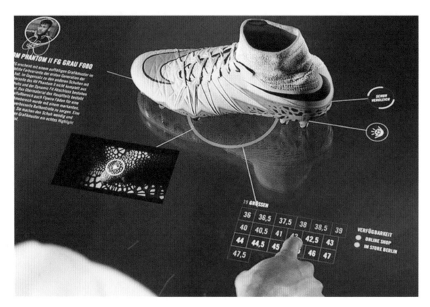

데이터 분석 기능을 바탕으로 한 소비자 맞춤생산.

대비 147% 증가했다.

## 미래 제조업의 모습 '맞춤형 생산(Customization)'

제조업의 디지털화는 제품 생산과정을 넘어 고객이 제품을 사용하며 쌓이는 데이터를 활용해 맞춤형 상품을 내놓는 '맞춤 생산(Customization)'까지 확산되는 중이다. 맞춤 생산이 고도화된 미래에는 상당수 자동차가 목적기반모빌리티(PBV, Purpose Built Vehicle)로 판매될 것으로 예상된다.

PBV는 고객의 비즈니스 목적과 요구에 맞춰 낮은 비용으로 제공 가능한 친환경 다목적 모빌리티 차량이다. 고객이 원하는 시점에 다양한 요구사항을 반영해 설계할 수 있는 단순한 구조의 모듈화된 디바이스다. 또한 고객 사업가치를 증대하고 비용과 같은 사업 운영의 효율성을 극대화하는 솔루션도 제공할 수 있다. PBV 디바이스는 확장 가능한 아키텍처(스케이트보드 플랫폼)를 기반으로 모빌리티·로지스틱스·리빙 스페이스 등 다양한 비즈니스 및 고객 UX(사용자 경험)에 신속하게 대응할 수 있다. 아울러 향후 자율주행 기술과 결합하면 로보택시, 무인 화물 운송 등으로도 활용이 가능하다. 국내 자동차 업계도 현재 다양한 모빌리티 서비스에 대한 PBV 사업을 본격화하고 있다. 예컨대 기아의 경우 라스트마일 배송에 적합한 구성의 레이 1인승 밴과 택시 사업자 및 라이드 헤일링을 위한 니로 플러스 등을 시장에 내놓으며 고객 맞춤형 솔루션을 제공하고 있다.

현대자동차 PBV.

고객 맞춤형 제품 제조를 위해서는 유연 생산시스템, 연결성은 제품·공정·설비가 연결된 초연결 제조시스템, 예측성은 제품의 종류와 설비의 상태로 제품생산이 가능한 지능형 제조시스템이 필요하다. 따라서 스마트 제조는 단순히 공정을 보다 유연하고 편리하며 효율성 높게 만드는 것을 넘어 수요 대응을 위한 생산의 유연성, 제조시스템 구성요소 전반에 걸친 연계성 그리고 지능형 제조시스템으로 확장돼야 한다. 제조업 활동 전반에 걸쳐 정보를 수집, 분석하고 다시 활용해 생산을 포함하는 부가가치 사슬 전반의 연계성과 통합성을 높여 새로운 제조업으로 이행하는 과정으로 발전돼야 한다.

맞춤 생산이 가능해지려면 생산단계를 넘어 기업 혹은 산업 전반의 생산과 판매, 경영활동에 걸쳐 새로운 방식을 도입해야 한다. 최근에는 신기술뿐만 아니라 기존 기술의 상용화도 급속도로 진행되며 산업계에서 활용할 수 있는 기술이 크게 증가하고 있고, AR과 VR 디바이스처럼 새로운 기기를 생산현장에 도입하는 추세도 확대되고 있다. 또 기술발전 속도가 상승효과를 일으키고 있다. 과거와 같은 선형적 발전보다는 복합적이고 융합적인 양상이 가속화되는 중이다.

이렇듯 맞춤 생산을 위한 제조업 디지털화는 기획, 디자인, 기술개발, 생산, 유통, 사후서비스 등 가치사슬 전반의 활동에서 동시에 진행되면서 영향을 미치고 있다. 스마트 제조가 단순한 생산현장에 국한되어서는 안 되고 생산시스템이 전후방 산업은 물론이고 중간-최종 수요, 나아가 글로벌 네트워크와도 연결될 수 있다는 것을 보여준다.

# 존디어, 농부 없는 농사

2400개가 넘는 전시가 선보인 'CES 2023'에서 가장 큰 관심을 받은 기업 중 하나는 미국 농기계 업체 존디어(John Deere)다. 농업이 주로 노동집약적인 방식으로 이뤄지는 한국에서는 농기계 업체가 CES의 주인공이 된 모습이 익숙하지 않을 수 있다. 그러나 대규모 농장 방식이 주를 이루는 해외농업은 기계화·자동화가 이미 고도로 이뤄져 있다.

디어앤드컴퍼니가 판매하는 농기계.　　　　　디어

특히 존디어는 더는 단순한 농기계 제조 회사가 아니다. 세계 최고의 로봇기술을 선도하는 회사이자 인공지능으로 데이터를 분석하는 회사다. 농기계 분야의 테슬라라는 뜻으로 '농슬라'라고 불릴 정도다.

존디어가 선보인 자율주행 트랙터는 인공지능과 GPS 등을 활용해 최적의 성장 환경을 농작물에 제공하며 운전자 없이도 24시간 작업을 수행할 수 있다. 영상을 통해 선보인 자율주행 트랙터의 모습은 많은 관람객을 사로잡기에 충분했다. 데이터를 기반으로 정확한 위치에 씨앗을 심고, 센서와 로봇을 동원해 필요한 양의 비료만 사용한다.

시각장치를 통해 농지를 스캔한 뒤 잡초가 있는 곳에만 제초제를 뿌린다. 덕분에 제초제 사용량은 기존에 비해 30% 수준에 불과하다. 데이터를 기반으로 필요한

**AI 기술 발전 따라 생산 공정 디지털화 가속**

| | 트랙터 1.0 | 트랙터 2.0 | 트랙터 3.0 | ~2030년 |
|---|---|---|---|---|
| 제품 | | | | 완전 무인 경작 시스템 구축 |
| 제조공정 | | 자동화 | 자동화 | |
| 소프트웨어 | 머신러닝 전문 업체 Blue River 인수<br>자율주행 트랙터 스타트업 Bear Flag Robotics 인수 | | 인공지능 x 머닝러신 | |

양의 비료와 농약을 정확히 계산해 사용량을 최소화·효율화해 투입함으로써 생산비도 줄이고 탄소배출을 절감하며 토양보호에도 기여할 수 있다.

6쌍이 달려 있는 카메라 덕분에 존디어의 트랙터는 사물을 360도 관점에서 인식할 수 있다. 농장에는 하늘과 땅 그리고 농작물밖에 없는 경우가 많기 때문에 사람이나 가축 등이 갑자기 앞을 지나가면 바로 멈춰 서는 기술을 구현하기 어려운데, 존디어 트랙터는 인공지능 기술을 고도화시켜 안전성도 높였다. 하늘과 땅, 농작물 이외 것들에 대한 이미지들을 학습시켰고, 그 결과 안전성이 매우 높아졌

다. 자율주행·인공지능 기술 외에도 이회사만의 기계공학 기술과 GPS 등이 포함된 게 특징이다.

이 같은 기술력을 바탕으로 2023년도 CES 기조발표를 맡은 존디어는 자율주행 트랙터로 '로봇 분야 최우수 혁신상'을 수상했다.

# 탄소는 惡… 구글도 애플도 탈탄소

세계는 탄소배출을 줄이기 위한 대대적인 경쟁에 들어갔다. 국가들의 정책적 싸움에 더해 산업 전쟁 전면에 나서고 있는 기업들에는 생존의 문제가 되고 있다. 글로벌 대표기업인 구글도, 애플도 예외가 아니다. 중후장대 제조업에서부터 IT(정보기술)기업까지 모두가 대상이다.

탈탄소화는 상품 생산 과정에서 발생하는 탄소를 저감시키거나, 탄소포집저장 기술이나 신재생에너지 등을 활용해 탄소발생량이 사실상 중립, 제로(0)에 해당할 수 있도록 기술을 제고해나가는 방향을 뜻한다. 비단 제조업뿐만 아니라 IT서비스업 등에서도 데이터센터 사용 등을 통해 발생하는 에너지 소비에서 탄소배출량을 줄이는 방식으로 새로운 기술들이 나오고 있다.

시작은 교토의정서와 파리기후변화협약에서부터다.

선진국들은 1997년 이른바 교토 프로토콜을 통해 처음으로 지구온난화 규제 및 방지를 위한 국제협약인 기후변화협약의 구체적 이행 방안을 마련했다. 선진국의 온실가스 감축 목표치를 제시했기 때문이다. 감축 대상 가스는 이산화탄소($CO_2$), 메탄($CH_4$), 아산화질소($N_2O$), 불화탄소(PFC), 수소화불화탄소(HFC), 불화유황($SF_6$) 등 6가지다.

1995년 독일에서 처음 개최된 기후변화협약이 1997년 실행단계에 오른 셈이다. 다만 해당 프로토콜이 실제 행동으로 이어지는 것은 아직 기대에 못 미치고 있다.

당시에는 선진국의 온실가스 감축 목표에 따른 일정과 개발도상국의 참여 문제 등이 대립하면서 2005년까지도 실제

보리스 존슨 영국 총리(왼쪽)와 나렌드라 모디 인도 총리(가운데), 안토니우 구테흐스 유엔 사무총장이 2021년 11월 1일 영국 글래스고에서 열린 제26차 유엔기후변화협약 당사국총회(COP26) 특별정상회의에서 만나 대화하고 있다.    매경DB

로 발효되지 못했기 때문이다. 또 미국은 전 세계 이산화탄소 배출량의 28%를 차지하고 있지만, 자국의 산업보호를 위해 2001년 3월 협약을 탈퇴하기도 했다. 한국은 개발도상국으로 의무 대상국에서 제외되었으나, 2008년부터 자발적으로 감축에 나서겠다고 발표했다.

탈탄소에 대한 전기는 2015년 파리기후변화협약에서 이뤄졌다. 당시 버락 오바마 미국 대통령이 참여를 선언했기 때문이다. 해당 회의에서는 195개 국가가 참여했고, 온실가스 배출량을 산업화 이전 수준 대비 지구 평균온도가 2℃ 이상 상승하지 않도록 했다.

교토의정서에서는 선진국만 감축의무가 있었지만 파리협정에서는 세계 온실가스 배출량의 90%에 달하는 195개

## 국제사회, 기후변화 관련 논의 일지

**1985년**
: 세계기상기구 · 유엔환경계획, 첫 기후총회 개최

**1992년 6월**
: 브라질 리우환경회의에서 유엔기후변화협약 채택

**1997년 12월**
: 교토의정서 채택, 선진국 온실가스 배출량 감축 합의

**2001년 7월**
: 미국을 배제한 교토의정서 이행규칙에 합의

**2010년 11월**
: 칸쿤 합의 채택, 개도국은 자발적 감축 행동 결의

**2011년 12월**
: 2020년 이후 기후변화체제 협상 개시 합의

**2012년 12월**
: 교토의정서 적용을 2020년까지 연장하는 개정의 정서 채택

**2013년 12월**
: 각국, 2020년 이후 기후변화 대응 기여방안 (INDC) 제출 합의

**2014년 12월**
: 2015년 합의문 주요 요소 채택, INDC 제출 시기 구체화

**2015년 11월**
: 파리 유엔기후변화협약 당사국 총회

2021년 1월 20일 파리기후협약에 재가입한 조 바이든 미국 대통령.
매경DB

당사국 모두가 감축 목표를 지키도록 했다. 협정은 해당 국가들이 자발적으로 목표치를 제시하도록 했고, 미국은 2030년까지 26~28% 감축, 유럽연합은 40% 감축 목표를 발표했다. 여기에 중국은 국내총생산(GDP) 대비 배출량 기준 60% 감축, 한국은 2030년 배출 전망치(BAU)대비 37% 감축 목표를 제출했다.

이후 도널드 트럼프 미국 대통령이 협정 탈퇴를 선언하기도 했지만, 재임에 실패한 뒤 조 바이든 대통령이 재가입하면서 미국도 탈탄소 대열에 합류했다.

### 글로벌 기업 35% 탈탄소 가동

글로벌 컨설팅사인 BCG에 따르면, 포브스 2000대 기업 중 35%가 탈탄소를 위한 넷제로 목표를 제시했다. 이는 2020년 21%에서 14%포인트 증가한 수치다.

구글, 마이크로소프트 등 글로벌 IT기업을 비롯해 코로나 팬데믹 기간 바이오신약 개발로 유명해진 모더나, 아스트라제네카 등은 2030년까지 탄소중립을 실현하겠다는 당찬 포부를 밝히기도 했다. 이어 국내 네이버, 카카오와 함께 해외의 인텔, 마스터카드 등은 2040년에, 레노버, 바스프, 포스코, 도요타 등은 2050년에 넷제로를 실현한다는 방침이다. 국내 대표 기업인 삼성전자도 2050년을 탄소중립의 목표 달성 시점으로 잡았다.

전 세계 주요 기업이 탈탄소를 위한 드라이브를 걸고 있고, 기업의 숫자나 시점을 더욱 당기고 있는 추세다.

코로나 팬데믹으로 위축된 경제 활력을 키우기 위해 그린뉴딜 정책이 해법이 될 수도 있다.

전통 화석에너지에서 청정에너지로 전환 속도가 급격히 빨라지면서 기존 석유·석탄에 기반을 둔 산업 생태계는 막대한 충격이 예상되기 때문이다.

파티 비롤 국제에너지기구(IEA) 사무총장은 앞선 매일경제와 단독 인터뷰에서 에너지 전환 쇼크의 해결사로 "정부가 중추적인 역할을 해야 한다"고 강조했다. 그는 신재생에너지 관련 글로벌 기술 경쟁이 갈수록 치열해지는 상황에서 과연 한국이 다른 나라보다 기술적 우위를 점할 수 있는지에 대해 화두를 던지며 "한국이 경쟁적 우위를 얻으려면 정부가 총괄적인 국가 목표를 설정하고 시장을 미리 내다보며 인프라스트럭처에 투자를 아끼지 말아야 한다"고 강조했다. 한국이 전기차 배터리, 수소연료 등에서 세계에서 손꼽히는 친환경에너지 기술을 보유하고 있지만 상용화까지는 정부의 전폭적인 지원이 절실하다는 설명이다.

한국 정부는 2030년까지 탄소배출을 11%가량 줄인다는 방침이다.

정부가 철강·석유화학·반도체 등 산업계의 탄소배출 감축 목표치(2018년 대비 2030년)를 11.4%로 결정했다. 윤석열 정부의 첫 탈탄소 로드맵 격인 '제1차 국가 탄소중립·녹색성장 기본계획(2023~2042년)'에 따르면, 이번 안은 온실가스 감축을 위해 앞으로 나올 세부 계획의 토대가 된다. 정부는 2030년 전체 탄소배출량을 2018년 대비 40% 적은 4억3660만까지 낮추겠다는 계획이다.

지난 연구결과 2030년까지 달성 가능한 한국의 온실가스 감축 규모는 2018년 국내 온실가스 배출량(2억6050만)의 5%인 1300만에 그친다는 결론이다. 산업부는 온실가스 감축 목표치를 두고 이전 정부가 설정한 14.5%와 산업계가 주장한 5% 미만안을 절충해 11.4%로 합의했다. 산업계 부담을 완화하는 대신 원전이

## 전 산업 탈탄소화 로드맵 가속화

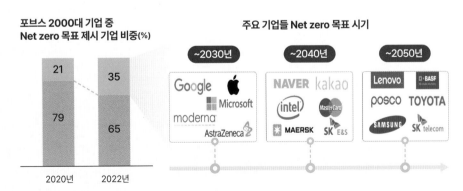

포브스 2000대 기업 중
Net zero 목표 제시 기업 비중(%)

주요 기업들 Net zero 목표 시기

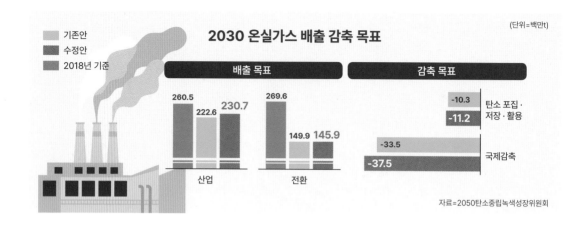

**2030 온실가스 배출 감축 목표**

(단위=백만t)

기존안
수정안
2018년 기준

**배출 목표**

| 산업 | 전환 |
| --- | --- |
| 260.5 / 222.6 / 230.7 | 269.6 / 149.9 / 145.9 |

**감축 목표**

| 탄소 포집·저장·활용 | 국제감축 |
| --- | --- |
| -10.3 / -11.2 | -33.5 / -37.5 |

자료=2050탄소중립녹색성장위원회

나 태양광 등 석탄보다 탄소 배출이 적은 친환경 에너지로의 전환에 한층 속도를 내 온실가스 저감 총량을 채운다는 계획이다. 에너지 전환 부문의 2030년 탄소 배출 감축량은 이전 계획과 비교해 1.5%(400만t) 상향했다. 정부는 2021년 기준 27.4%인 원전 비중을 2030년 32.4%까지 올릴 계획이다. 또 신재생에너지 발전 비중을 2021년 기준 7.5%에서 21.6%로 올린다는 목표를 세웠다.

공적개발원조(ODA) 등 개발도상국에 탄소 감축 인프라스트럭처를 지어주고 그에 따른 감축량을 인정받는 국제감축량 목표치는 3350만에서 3750만으로 400만 늘렸다.

경제계는 일단 환영한다고 밝히면서도 정부의 추가 대책 마련을 요청했다. 한국경영자총협회는 "기존 14.5% 감축 목표는 기술 개발과 연료 공급의 불확실성, 경제성을 갖춘 감축 수단 부족 등을 반영하지 않은 무리한 수치였다"며 "이번 수정안은 불확실성을 완화했다는 점에서 다행이라고 생각한다"고 밝혔다. 다만 "현재 국내 탄소중립 핵심 기술 수준과 연구개발 진척도, 상용화 정도 등에 비해서는 11.4% 감축 역시 여전히 도전적인 목표치라고 판단된다"고 강조했다. 전국경제인연합회는 "국내 기업들이 고비용·고위험 탄소 감축 기술 개발과 상용화에 적극적으로 나설 수 있도록 정부가 세제 혜택 등을 마련해줄 것을 요청한다"고 강조했다.

# 이대로 가면
# 유럽서 현대차 판매 불가

과거 탈탄소는 깨끗한 환경보호와 지구 온난화 방지 차원에 불과했다. 최근 탈탄소는 195개국, 사실상 전 세계가 공동으로 참여하는 프로젝트로, 단순히 환경보호 차원보다는 지속가능한 삶과 산업을 위한 필수 생존조건이 되고 있다.

특히 기업들은 탈탄소 전략을 세우고, 이를 실행하지 않을 경우 투자유치나 주가 부양이 불가능해지고 있다. 신규 자금이 들어오지 않을 경우 기업의 확장이 어려워지고 시가총액, 기업가치가 줄어들면서 위기를 맞을 수밖에 없기 때문이다.

각 나라의 제품 수입 정책이나, 협력사 부품을 조율해야 하는 대기업 구매팀에서는 탈탄소 플랜이 없는 회사의 제품은 수입 대상이나 부품 거래 대상에서 제외할 수도 있는 대대적인 패러다임 전환 과정에 있다. 경우에 따라서는 국내 대표 자동차업체인 현대차나 기아가 특정 국가에 수출을 차단당하거나, 미국이나 일본, 독일 등 자동차업체에 부품을 납품하는 1·2·3차 협력업체는 공급 대상에서 제외당할 수도 있는 셈이다.

예컨대 세계 최대 자산운용사 중 하나인 블랙록은 탈탄소 프로젝트를 진행하지 않거나 기대에 못 미칠 경우 투자를 중단하기로 결정한 바 있다.

래리 핑크(Larry Fink) 블랙록 회장은 지난해 연례 최고경영자(CEO) 서한에서 탈탄소 정책을 포함한 'ESG(환경·책임·투명경영)'는 요식행위나 마케팅이 아닌 자본주의 그 자체라고 강조했다.

핑크 회장은 "ESG의 근간이 되는 '이해관계자 자본주의'(주주를 포함한 고객, 근로자, 사회 등 모두를 존중하는 경영)는 사회·이념적 의제가 아닌 자본주의

래리 핑크 블랙록 회장.

매경DB

그 자체"라며 "우리가 지속가능성에 초점을 맞추는 것은 환경론자가 아닌 자본가이기 때문이며, 고객에 대한 신의성실 의무를 지니기 때문"이라고 밝혔다.

그는 이어 "자본주의의 힘은 기업의 번영에 영향을 미치는 직원, 고객, 거래처, 지역사회와의 상생관계로부터 얻는 추진력에서 비롯된다"며 "이 같은 이해관계자 자본주의를 통해서 자본은 효율적으로 배분되고, 기업들이 견고한 수익성을 확보해 장기적인 가치가 창출되고 유지된다. 정당한 이익을 추구해야 시장에 활기를 불어넣을 수 있고, 시장이 기업의 성공을 판단하는 궁극적인 척도는 결국 장기 수익성"이라고 적었다.

특히 핑크 회장은 "모든 기업과 산업이 탄소중립 세계로의 전환에 따라 변화할 것"이라며 "주도하느냐, 끌려가느냐의 문제일 뿐"이라고 밝혔다. 2020년 핑크 회장이 기후 리스크가 곧 투자 리스크라는 내용의 서한으로 기후투자를 강조한 후로, 지속가능성에 투자하는 시장 규모가 4조달러(약 4800조원)를 넘어서기도 했다.

핑크 회장은 "앞으로 나타날 1000개의 유니콘 기업은 검색엔진이나 소셜미디어 회사가 아니라 지속가능하고 확장가능한 혁신기업으로, 세계의 탈탄소화를 통해 에너지 전환을 모든 소비자들이 누릴 수 있도록 지원하는 스타트업일 것"이라며 "이 같은 미래를 계획하지 않은 국가와 기업들은 도태될 것"이라고 지적했다. 앞서 11조달러에 달하는 막대한 자산을 운영하는 35개 대형 투자사들이 글로벌 투자은행에 탈탄소 투자로 전환할 것을 강력히 요청하기도 했다.

골드만삭스, HSBC, BNP파리바 등 27개 글로벌 투자은행들은 35개 투자사들로부터 탄소 배출 기업에 대한 자금 조달을 중단하고 친환경 대출을 확대하라는 서한을 받았다.

35개 투자사에는 유럽 ESG 투자를 선도하는 유럽 1위 자산운용사 아문디, 세계 최대 채권 투자업체 핌코, 영국 최대 자산운용사 리걸앤드제너럴투자매니지먼트(LGIM), 영국성공회 재무위원회(CCE), 스웨덴 노르디아애셋매니지먼트(NAM), 아비바인베스터스 등이 포함돼 있다.

탈탄소를 위한 투자요건을 견제하는 흐름도 있다. 영국기관투자자그룹(IIGCC), 책임투자원칙기구(PRI) 및 영국지속가능투자금융협회(UKSIF)도 탈탄소 투자 의향을 내비치기도 했다. IIGCC는 2022년 공개서한에서 "영국의 녹색 택소노미(Green Taxonomy · 녹색분류체계)에 가스를 포함시키는 것은 투자자에 대한 시스템의 신뢰성을 떨어뜨리고, 지속가능한 금융에 대한 영국의 위상을 손상시킬 것"이라고 주장했다.

러시아의 우크라이나 침공으로 유럽이 에너지 위기를 맞자, 영국 정부가 녹색금융 대상에 에너지원 중 하나인 천연가스를 포함시키려 하자 벌어진 현상이다.

스테퍼니 페이퍼 IIGCC CEO는 "천연가스가 택소노미에 포함되는 것에 대한 근본적인 반대는 그것이 친환경적이 아니기 때문"이라며 "택소노미는 친환경 활동을 정의하기 위한 과학 기반 도구로, 투자자들에게 현재와 미래의 어느 것이 녹색으로 간주될 수 있는지에 대한 명확성을 제공하기 위한 것"이라고 지적했다. 투자자 그룹은 천연가스를 택소노미에 포함시키는 것은 영국의 탈탄소화 목표와 상충될 것이며, 온도 상승을 1.5도 이하로 유지하려는 세계적인 목표와도 일치하지 않는다고 밝혔다.

# 탄소여권을 보면
# 탄소배출량이 보인다

탈탄소가 기업 생존의 문제가 되는 것은 유럽에서 새로운 여권이 생기기 때문이다. 이른바 디지털 제품 여권(DPP)이다. 디지털패스포트는 기업이 제품이나 서비스를 완성단계까지 생산하기 위해 배출한 탄소를 측정하는 프로젝트다. 과거 탄소배출량이 단순 완제품 생산기업의 배출량으로 처리된 반면, 디지털패스포트에서는 소재, 장비, 부품 등 3~4차 협력업체 상품까지 탄소배출량이 누적 적용

## 탈탄소發 비상 걸린 대한민국 수출전선

**EU Digital Battery Passport**
제품기능·성능을 넘어 생산 전 단계의
환경영향정보를 즉각 확인할 수 있는 탈탄소 제품여권

**제품 기능**
· 최대 지속시간
· 최대 출력

**환경영향정보**
· 제조과정에 사용된 재활용 원료
· 제조과정에서 배출된 탄소량
· 폐기 후 배출되는 폐기물 및 재활용품

그린철강, 수소환원기술로 탈탄소에 도전하고 있는 포스코. 매경DB

된다. 또 특정 제품에서 부품 단위부터 발생한 제품 단위당 탄소량을 더하고, 소비자 구매를 비롯해 최종 폐기 단계까지를 더하는 방식을 적용할 예정이다.

2023년 1월 스위스에서 열린 다보스포럼에서는 전기차에 적용되는 배터리를 예시로, 유럽 디지털 배터리패스포트가 전시되기도 했다. 탄소량은 생산 전 단계와 폐기 단계까지 적용되고 이런 제품의 추적기능이 완성될 경우, 유럽은 2026년부터 제품의 탄소배출량을 기준으로 수입을 제한하거나 탄소국경세와 같은 세금을 매길 수도 있게 된다.

실제 유럽연합(EU) 회원국들은 수입 공업품에 탄소국경세를 물리는 탄소국경조정제도(CBAM) 도입에 합의했다. CBAM이 시행되면 한국은 2035년 4700억원이 넘는 탄소국경세를 내야 할 형편이다.

CBAM은 EU로 수입되는 철강·알루미늄·플라스틱 등 제품의 탄소 함유량에 EU 탄소배출권거래제(ETS)와 연동된 탄소 가격을 부과해 징수하는 조치다.

잠정 합의 사항에는 철강·시멘트·알루미늄·비료·전력·수소 등 6개 품목을 법 적용 대상으로 한다는 내용이 담겼다. EU는 기업들이 이들 품목을 EU에 수출할 때 탄소 직접배출과 일부 탄소 간접배출을 보고하도록 할 전망이다.

CBAM은 수출 비중이 큰 한국에 '무역 장벽'으로 작용할 수 있다. 코트라

(KOTRA·대한무역투자진흥공사)는 2021년 9월 발표한 보고서에서 "(CBAM은) 대(對)EU 수출이 집중된 철강 업계에 영향을 미칠 것으로 전망된다"며 "탄소배출 데이터 관리 체계를 구축하고 탄소중립 경영을 강화해야 한다"고 밝혔다. 국제 기후변화 싱크탱크 E3G에 따르면 CBAM 시행으로 한국이 부담해야 할 금액은 2026년 9600만유로(약 1350억원)에서 2035년 3억4200만유로(4711억원)로 점차 늘어날 것으로 전망된다.

유럽이 탄소로 수출장벽을 쌓고 있지만, 준비된 기업에는 오히려 기회가 될 수 있다.

예컨대 한국에서는 포스코가 이른바 '그린철강' 사업에 뛰어들며 벤치마킹 사례로 거론된다. 유럽의 대표적인 철강회사인 스웨덴 SSAB가 그린철강을 생산하며 탈탄소를 시작한 것과 유사하다. SSAB는 에너지원을 수소로 대체하면서 탈탄소를 향한 기술력 향상에 나서고 있다.

포스코는 2050 탄소중립 실천을 위해 설비 전환에 나서고 있다. 1단계는 에너지효율 향상과 경제적 저탄소 연·원료 대체, 2단계는 스크랩 활용 고도화와 CCUS(탄소포집·활용·저장)기술 적용, 3단계는 기존 파이넥스(FINEX) 기반의 수소환원제철 기술 개발 및 탄소중립 실현이다.

과거 제철기술이 고로에 석탄을 투입하는 만큼 대량의 이산화탄소가 발생해왔다. 포스코가 목표하는 수소환원제철 공정은 석탄 대신 철광석과 수소가 반응하는 방식으로 이산화탄소가 아닌 물이 부산물로 나온다. 전량 수소환원제철 공정을 활용할 경우 깨끗한 물만 나오는 탄소중립에 성공하는 셈이다.

포스코는 현재 수소가 25% 포함된 환원가스를 사용하는 파이넥스의 유동환원로 기술을 발전시켜 2030년까지 포스코형 수소환원제철 모델인 '하이렉스(HyREX)' 기술을 완성할 방침이다.

# 제조업 3위라더니 알고 보니 7위

매일경제신문 비전코리아 프로젝트팀이 컨설팅사 보스턴컨설팅그룹(BCG)과 공동 작업한 국가별 제조업혁신지수(BCG MII) 조사에서 한국은 24점으로 세계 7위를 기록했다. 세계 5대 제조강국으로 꼽힌 한국의 제조업 경쟁력이 미국, 독일, 일본은 물론이고 중국과 대만에도 뒤처진 7위로 나타난 것은 다소 충격적인 결과다. 이는 고부가가치 첨단산업 전환 비중이 낮고 제조 공정의 디지털화, 탈탄소화 추세에 대한 대응이 미흡했기 때문이다. 미·중 간 패권경쟁이 첨단 제조업을 중심으로 치열하게 전개되고 있는 상황에서 한국의 제조업 혁신 경쟁력의 약

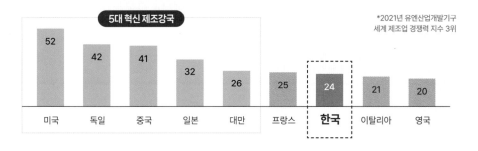

**세계 5대 제조 강국\*인 줄 알았는데…**
BCG MII (제조업혁신지수) 국가별 순위
(단위=점)

*2021년 유엔산업개발기구
세계 제조업 경쟁력 지수 3위

5대 혁신 제조강국

| 미국 | 독일 | 중국 | 일본 | 대만 | 프랑스 | 한국 | 이탈리아 | 영국 |
|------|------|------|------|------|--------|------|----------|------|
| 52 | 42 | 41 | 32 | 26 | 25 | 24 | 21 | 20 |

## BCG 제조업혁신지수 어떻게 설계했나

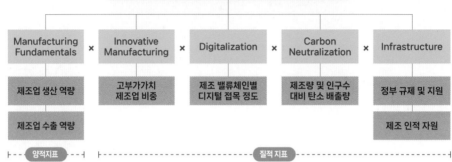

개 공장의 관련 점수를 반영했다. 탈탄소화지수는 유엔산업개발기구(UNIDO)의 국가별 제조업 부가가치 및 이산화탄소 배출량을 참조했으며, 인프라 부분은 국가별 정부 규제, 세금 강도, 금융, 창업 인프라 및 세계지식재산권기구(WIPO)의 고등교육·STEM(과학·기술·공학·수학) 전공자 현황, 산업의 지식기술 집약 노동력 비중 등을 고려해 산출됐다. 그 결과, 제조업혁신지수 톱3 국가는 52점을 받은 1위 미국과 독일(42점), 중국(41점)이 차지했고, 일본(32점), 대만(26점), 프랑스(25점)가 그 뒤를 이었다. 한국은 국내총생산(GDP)에서 제조업이 차

화는 국가 경쟁력 저하로 직결될 수 있다는 우려가 제기되는 상황에 대한민국이 직면하고 있는 셈이다.

제조업혁신지수는 국가별 제조업 생산·수출규모, 고부가가치 분야 비중, 디지털화, 탈탄소, 인프라 등을 기준으로 측정됐다. 즉, 제조업의 양적지표와 질적지표를 고루 반영했다. 특히 제조업의 패러다임이 탈세계화, 디지털화, 탈탄소화로 바뀌는 상황에 대한 준비나 대응을 점수에 반영했다. 고부가가치는 반도체, 자동차, 조선, 통신, 바이오 등 주요 산업 내 고부가가치 제조산업 비중을, 디지털화는 BCG 디지털가속화지수 및 국가별 100

지하는 비중이 26%로 경제협력개
발기구(OECD) 가입국 중 2위이지
만, 생산이나 수출 같은 양적지표
에서만 앞섰을 뿐 고부가가치 전환,
디지털화, 탈탄소화 등에서 상대적
으로 낮은 점수를 받았다.

황형준 BCG코리아 대표는 "글로벌
톱5와 한국을 비교하면 한국은 제
조업의 생산량·수출량 등 양적 점
수가 높지만 고부가가치 산업 전환
비중과 디지털화 수준 등 질적지표
에서 낮은 점수를 받았다"며 "고강
도의 변화(Transformation)가 필요
한 시점"이라고 지적했다.

한국이 뜻밖의 낮은 성적표를 받은
가장 중요한 원인으로는 고부가가
치 첨단 분야에서의 낮은 경쟁력과
미흡한 디지털화·탈탄소화에 대
한 대응 상황이 지목된다. 실제 세
계 주요국들은 미래 제조산업의 경
쟁력 강화를 위해 고부가가치 첨단
기술 개발, 디지털화, 탈탄소화에
전력투구하고 있다. 반면 한국은 그
동안 삼성전자, 현대자동차 등 몇몇
기업들이 글로벌 시장에서 활약하
고 반도체·2차전지 등 일부 분야
에서의 높은 경쟁력 덕에 제조강국

## BCG 제조업혁신지수 상세 분석
### MII 세부 항목별 충족도

한국 상세 지도

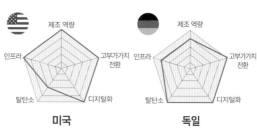

미국          독일

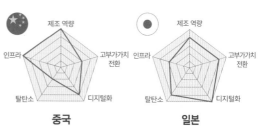

중국          일본

대만

Top 제조강국 상세 지수

중 하나로 주목받았다. 그러나 새로운 제조 패러다임에 대응하지 못하고 있다는 사실이 이번 매일경제 · BCG 조사 결과 드러났다.

이 같은 결과는 기존 제조업 경쟁력 관련 평가와는 사뭇 다르다. 실제 유엔산업개발기구(UNIDO)가 매년 발표하는 제조업경쟁력(CIP)지수에서 한국은 최근 10년간 3~5위에 올랐다. 아울러 한국은 국내총생산(GDP) 기준(유엔 · 2021년) 제조업 비중이 26%로 중국 28%에 이어 두 번째로 높다. 세계 경제규모 10위권 국가에서는 독일이 21%, 일본이 20%로 그 뒤를 잇고 있으며, 인도 · 이탈리아는 15%, 미국, 프랑스, 캐나다는 10~11% 수준이다. 한국은행에 따르면, 지난해 말 기준 제조업이 한국 수출의 84%를 책임지고 있어 한국이 세계적 제조강국이라는 점은 누구도 부인할 수 없다.

하지만 이 같은 지표는 모두 제조업 생산량과 수출량 등 양적지표에 기반한 결과다. 고부가가치 첨단 분야 경쟁력을 비롯해 제조 가치사슬 내 디지털 접목 정도와 제조량 대비 탄소배출량 등을 반영한 MII 분석에선 순위가 이보다 낮아진다. 한국 제조업의 민낯이 드러난 셈이다.

황형준 BCG코리아 대표는 "한국 제조업이 얼마나 혁신적이며 미래에도 계속 경쟁력을 유지할 것인가는 의문"이라며 "국가별 제조업혁신지수를 분석한 결과 세계 5대 제조 강국인 줄 알았던 한국이 7위라는 현실을 받아들여야 한다"고 강조했다.

특히 반도체 파운드리(위탁전문생산) 분야에선 세계 최고의 경쟁력을 갖고 있지만 제조업 전반에선 아직 한국보다 한 수 아래로 여겨졌던 대만(5위)에도 뒤처진 것은 충격적인 결과로 받아들여진다. 한국은 양적인 제조 생산 · 수출 부문에서 14점으로 7점을 받은 대만을 앞질렀을 뿐 디지털화(71점), 탈탄소화(22점), 인프라(6점)에서는 경쟁 열위에 있는 것으로 조사됐다. 수년간 반도체 파운드리를 중심으로 제조업을 강화한 대만에 지난해 1인당 국민총소득(GNI)을 추월당한 데 이어 미래 제조 경쟁력에서도 대만에 뒤처진다는 우려가 제기된다. 대만은 이미 소형 인공위성 등 첨단산업 관련 파운드리 시장을 집중 육성하기 위해 발 빠르게 움직이고 있다.

한국처럼 자국 시장 규모가 크지 않아 수출 위주 제조 전략을 추구하는 독일, 일본, 대만은 모두 국가 차원에서 제조업 경쟁력 강화를 위한 정책을 펼치고 있다.

독일은 2011년부터 '인더스트리 4.0' 정책으로 선제적으로 제조업에 정보통신기술(ICT)을 적용해 왔다. 기금지원법으로 VR·AR(가상·증강현실) 등 신기술에 대해 파격적 기금을 제공해 제조업의 진화를 돕고, 이민법을 개정해 유럽 외에서도 숙련공의 유입을 허용했다. 대만은 리쇼어링 기업에 법인세를 8%만 부과하는 등 파격적인 세제혜택과 보조금이나 공장용지 제공도 마다하지 않고 있다. 일본은 2016년부터 일본 부활전략을 세워 첨단제조업에 투자하고, 과거 포기했던 반도체 생산을 위해 조 단위의 보조금을 제공하며 대만 TSMC를 유치했다. 최근에는 인재 양성을 위해 도쿄도 내 공과대 정원규제를 푸는 등 인프라 발전에 매진하고 있다. 이들 국가는 산업의 디지털화 및 첨단산업화, 우수 인재 확보에 사활을 걸고 있다.

반면에 한국 제조업은 제자리걸음 상태다. 2023년 3월 15일 6대 첨단산업에 대한 민간투자 유도 정책이 나왔지만 이것이 실효성 있는 대안일지는 좀 더 지켜봐야 한다. 예컨대 자동차산업은 전기차로 재편되고 있는 데 반해 한국 제조업체는 여전히 90%가 내연기관 부품 생산에 몰두하고 있다. 내연기관 사업의 구조 개편과 근원적인 전환이 시급히 필요하다. 신속히 변신하지 않을 경우 자동차 제조경쟁력 저하를 넘어서 대량 파산, 실직 사태까지 우려된다.

제조업 일자리가 만성적인 기피현상의 대상인 것도 문제다. 2022년 기준 한국 제조업의 미충원 인원 비율은 28.7%로 전체 산업 평균 15.1%의 2배에 달한다. 2022년 하반기 기계·조선·전자·섬유·철강·반도체·자동차·디스플레이 등 제조업 8업종의 미충원율은 모두 20%가 넘었다. 한국 제조업의 노후화로 인한 전산화 부족, 국가 단위의 총 탄소배출량은 10위권이나 1인당 탄소배출량은 12t에 달하며 세계 3~4위인 현실이 반영된 결과다. 아울러 인프라 측면에서는 강한 정부규제와 높은 세율, 열악한 창업 인프라를 비롯해 제조 인재 부분에서 STEM 전공 및 전임연구진(FTE) 비중이 저하되는 인적자원 부족 현상 등이 반영된 결과다.

# 경쟁국들은 오늘도 달린다

대한민국 역사를 돌아보면 언제나 위기의 역사였다. 지난 현대사 동안 한국은 단 한순간도 안착했던 적이 없다. 강대국 틈바구니에서 촉각을 곤두세운 채 민첩하게 대응해야 했고, 순환적으로 찾아오는 경제위기를 오롯이 돌파해내야 했다. 대한민국 경제는 이제 또다시 위기적 상황을 맞이했다고 해도 과언이 아니다. 코로나19 충격파가 전 세계를 강타한 상황에서 특히 대외의존도가 높은 경제구조의 한국은 요동치는 세계 경제의 거대한 파고에 언제든지 휩쓸릴 수 있다. 게다가 한국 경제를 떠받치고 있던 제조업은 미·중 패권경쟁 속에 탈세계화 추세가 가속화되면서 글로벌 분업구조하에서 이제까지의 성공 방정식이 더 이상 유효하지 않게 됐다. 탈탄소화, 디지털화라는 패러다임 전환도 이젠 거스를 수 없는 대세가 됐다.

사실 지난 코로나19는 한국 경제의 실체를 분석했다. 팬데믹 국면에서 상대적으로 선방한 덕에 경제가 역성장하는 상황에서도 한국의 국내총생산(GDP) 순위는 상승해 세계 10위 경제대국이 됐다. 하지만 한국 경제의 글로벌 경쟁력이 실제로 강해졌는지 냉철히 따져봐야 한다. 유엔산업개발기구(UNIDO)가 2020년 발표한 세계 제조업경쟁력(CIP)지수에서 한국은 전 세계 152개국 중 독일, 중국에 이어 3위를 했다. 하지만 이 또한 앞서 언급한 매일경제·BCG 분석 결과 세계 7위로 나타났다.

하지만 한국에는 다시 한번 도약할 수 있는 국가적 자산이 적지 않다. 우선 삼성전자, 현대자동차, SK하이닉스, LG전자, 포스코, 현대중공업 같은 글로벌 선도 기

## 30년 기간 고속성장률 이룬 국가 순위

| 순위 | 국가 | 30년 단위 고속성장 | | | |
|---|---|---|---|---|---|
| | | 시기(년) | 시점의 국민 소득(US달러) | 종점의 국민 소득(US달러) | 성장률(%) |
| 1 | 적도기니 | 1974~2004 | 1,128 | 16,416 | 8.9 |
| 2 | 오만 | 1955~1985 | 766 | 6,545 | 7.1 |
| 3 | 리비아 | 1950~1980 | 857 | 7,272 | 7.1 |
| **4** | **한국** | **1965~1995** | **1,436** | **11,850** | **7.0** |
| 5 | 보츠와나 | 1960~1990 | 403 | 3,304 | 7.0 |
| 6 | 대만 | 1963~1993 | 1,545 | 11,929 | 6.8 |
| 7 | 중국 | 1976~2006 | 85 | 6,048 | 6.5 |
| 8 | 싱가포르 | 1964~1994 | 2,541 | 18,005 | 6.5 |
| 9 | 일본 | 1950~1980 | 1,921 | 13,428 | 6.5 |
| 10 | 사우디아라비아 | 1950~1980 | 2,231 | 13,217 | 5.9 |
| 11 | 홍콩 | 1958~1988 | 2,924 | 16,716 | 5.8 |

자료=Angus Maddison(2010)을 토대로 저자 작성.

업들이 다수 존재한다. 이들 기업이 등대기업 역할을 수행하며 한국 제조산업 전체의 혁신을 주도할 수 있다.

지금까지 대한민국 경제의 성공 신화를 쓴 주역은 제조기업들이다. 두산에너빌리티는 2022년 미국의 소형모듈원전(SMR) 기업인 뉴스케일파워와 원전설비 제작협약을 맺고 본격적인 생산에 착수했다. 원전 기자재를 제작할 수 있는 곳은 전 세계를 통틀어 모두 6개국. 중국과 러시아는 논외고 나머지 일본, 프랑스, 스페인이 있는데 다들 제조 역량이 부족하다. 결론은 코리아다.

조선업은 1993년 일본으로부터 1등을 탈환한 이후 30년간 꿋꿋하게 세계패권을 지키고 있다. 수주 절벽을 맞고 대규모 적자에 시달린 적도 있었지만 여전히 달러박스다. 벌크선 같은 저가 선박이야 중국에 내줬지만 액화천연가스(LNG) 운반선 등 친환경 고부가가치 선박은 한국 빼곤 주문 낼 나라가 거의 없다.

미국이 중국과의 기술전쟁에서 우위를 점하기 위해 내건 전략이 '제조업 부흥'이다. 혼자서만 할 수 없으니 연합군을

HD현대중공업 울산조선소.　　　　　　　　　　　　　　HD현대

형성하고자 한다. 반도체 배터리는 한국이 필수다. 설명을 주렁주렁 달면 글이 구질구질해진다. 기능과 기술의 문제만은 아니다. 고객이 원하는 시기에 정해진 물량을 댈 수 있는 나라는 흔치 않다. 50년 전 박정희 전 대통령이 혼을 불어넣어 시작한 중화학공업 육성이 오늘날 대한민국 제조업을 강하게 키웠다. 테슬라의 일론 머스크가 "제조업은 짧은 시간에 갑자기 경쟁력을 갖출 수 없다"고 말한 건 그런 맥락에서다.

한국 제조업의 또 다른 자산은 사람이다. 한국은 높은 교육열에 기반한 우수한 인재를 보유하고 있어 빠른 속도로 숙련·

고급 인력 수혈이 가능하다. 2022년 열린 국제기능올림픽에서 한국은 금메달 11개로 종합 2위를 했다. 주조, 용접, 금형 등 뿌리산업 관련 숙련공들과 기술혁신을 주도한 특급 엔지니어들이 한국 제조업의 진짜 경쟁력이었다.

또한 강한 정보기술·테크 산업 기반이 존재해 미래 산업 변화로의 속도전에서 협업이 가능하다는 점도 한국의 강점이다. 무엇보다 민관 원팀으로 제조업을 육성한 성공의 경험을 갖고 있다. 1962년부터 1986년까지 5차례에 걸쳐 진행된 경제개발 5개년 계획을 통해 한국은 전형적인 농업국가에서 경공업·중화학공업을 거

처 첨단산업 국가로 50여 년 만에 발돋움
했다. 한국 제조업에서 민관 원팀의 역사
는 여기서 그치지 않는다.

1999년부터 시작된 정부의 IT산업 육성
정책도 민관 합작 프로젝트였다. 초반에
는 '사이버코리아21' 프로젝트하에 정부
는 자금을 지원하고 통신사에선 공공지
역에 무료 인터넷을 제공하는 IT 인프라
를 구축했다. 이를 통해 IT 인프라가 조
기 공급되면서 2000년대 들어 한국은 인
구수 대비 초고속인터넷 가입자 수 1위
국가로 발돋움했다.

이를 기반으로 IT기업들이 속속 태동하
기 시작했다. 기술보증기금과 한국벤처
투자 등에서 정부 자금을 업계에 지속적
으로 공급했으며 서울시에선 IT클러스
터를 조성했다. 네이버, 카카오 같은 테

박정희 대통령이 포항제철소 첫 쇳물을 뜨고 있다    포스코

크기업들이 등장한 배경에는 이 같은 민
관 협력이 존재했다. 이처럼 남들보다 한
발 늦게 시작했지만 역전하는 익시드 폴
로어(Exceed Follower)의 면모를 갖고 있
는 한국은 방향만 잘 설정되면 다른 어떤
국가보다 신속하게 제조강국으로 도약할
수 있다.

산업 구조 ── 글로벌 Top-tier 선도기업 다수 보유

인적 자원 ── 높은 교육열 기반 우수 인재 보유

기술 인프라 ── 강한 IT·테크 산업 구축

PART 3

# 위기를 기회로

# 나라를 구한 파운드리

파운드리(Foundry)는 과거 금속제품을 주형에 맞춰 생산하는 공장을 의미했다. 단순했던 파운드리가 산업적으로 주목받은 것은 반도체라는 첨단산업에 기인한다.

과거 반도체산업 초창기였던 1970년대까지는 설계, 생산, 검사를 모두 병행하는 이른바 종합반도체회사(IDM: Integrated Device Manufacturer)가 시장을 이끌었다. 이후 1980년대 들어 반도체 시장이 급격한 수요 증가로 전문회사 체제로 분화됐다. 이에 따라 반도체산업은 크

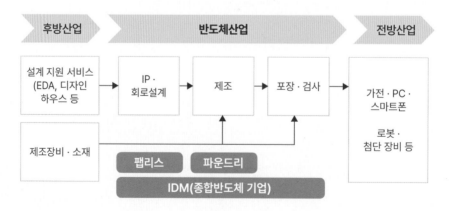

**반도체 산업, 시장 흐름도**

## 시대별 반도체 기업 분화 현황

| 1950년대 | 1960년대 | 1970년대 | 1980년대 | 1990년대 | 2000년대 | 2010년대 |
|---|---|---|---|---|---|---|
| | | | | | | Software |
| | | | | IP Provider | IP Provider | IP Provider |
| | | | Fabless | Fabless | Fabless | Fabless |
| | Manufacturing tools | Manufacturing tools | Manufacturing tools | Manufacturing tools | Manufacturing tools | Manufacturing tools |
| IDM | IDM | IDM | IDM | IDM | IDM | IDM |
| | | EDA Tools | EDA Tools | EDA Tools | EDA Tools | EDA Tools |
| | | | Foundries | Foundries | Foundries | Foundries |
| | | | | | Packaging | Packaging |

게 3가지로 설계 전문 팹리스와 생산을 전담하는 파운드리, 생산 후 검사에 집중하는 SAT전문회사로 발전했다.

또 대형 반도체회사들은 메모리반도체와 시스템반도체 전문영역으로 분화돼 왔다. 먼저 메모리반도체는 정보를 저장·기억하는 기능을, 시스템반도체는 정보를 처리하는 식으로 구분된다. 일반적인 전자제품에는 두 가지 반도체 모두가 필요하지만 매출액 기준 시장 규모는 메모리반도체가 약 30%, 시스템반도체가 나머지 70%를 차지한다.

또 메모리반도체는 제품 규격이 일정하고 표준적인 형태로 생산 공급되기 때문에 마치 석유와 같이 시장 수요와 생산량에 따라 가격이 탄력적으로 움직인다. 이 때문에 메모리반도체 생산기업은 시장 변동에 따라 영업이익률이 40%에 달하는 대규모 흑자가 나기도 하지만 반대급부로 실적쇼크에 처하기도 한다. 반면 시스템반도체는 특정 제품에 특정 기능을 하는 주문 제작 방식으로 생산된다. 따라서 가격이 시장에서 비탄력적이며 생산자 입장에서는 높은 영업이익을 장기적으로 시현할 수 있다.

시장에는 이미 컴퓨터용 CPU나 통신용 시스템반도체의 대량 수요가 있고, 이를 범용 생산 제품으로 대처하는 부분도 있다. 다만 세계적으로도 생산자가 한정된 시장이기 때문에 주문자보다는 생산자 우위의 시장이다. 결국 반도체시장 흐름에서 생산자인 파운드리가 높은 부가가치를 얻을 수 있는 셈이다.

파운드리 혁명은 이 지점에서 탄생했다. 시장의 어느 플레이어든 일정 기술과 자본만 있다면 반도체 설계나 검사 시장에는 뛰어들 수 있어도 파운드리에는 쉽게 도전할 수 없기 때문이다.

과거 반도체시장에 치킨게임이 벌어지며 생산을 담당했던 기업들이 쓰러지고 세계적으로 손꼽히는 회사만 남은 것도 새로운 플레이어가 진입하기는 어려운 결과를 만들었다.

삼성전자 출신의 진대제 스카이레이크인 베스트먼트 회장은 "중국이 반도체 굴기로 투자하고 있으니 언젠가는 경쟁자가 나타날 수 있다. 다만 20년 전 나타났던 '누가 먼저 죽냐'는 치킨게임이 재발하기에는 진입장벽이 너무 높다. 경제 규모가 작은 나라는 도전조차 해볼 수 없고 자국 내에서 생산하는 컴퓨터, 휴대폰 등 수요가 방대한 중국이나 조금 하는 수준이다. 반도체 산업 투자는 투자 대비 수익률 관점에서 답이 이미 명확해졌다. 최신 반도체 플랜트를 짓는 데는 10조원이 필요하고 연간 감가상각비가 20%인 2조원이나 든다. 시작하자마자 연 매출이 10조원 이상 나오고 40%에 가까운 이익률을 보여

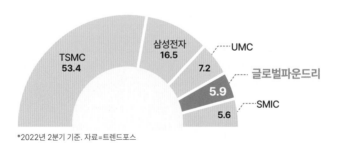

**파운드리 시장 톱5 점유율 순위** (단위=%)

TSMC 53.4
삼성전자 16.5
UMC 7.2
글로벌파운드리 5.9
SMIC 5.6

*2022년 2분기 기준. 자료=트렌드포스

야 재투자 여력이 생기는데 신규 진입자는 이런 수익 창출이 사실상 불가능하다"고 분석했다.

반도체시장 70%를 책임지는 시스템반도체의 파운드리 시장은 이제 대만과 한국, 미국 등 소수의 업체만이 진검승부를 하는 형국이 됐다. 전자제품 수요는 늘어나는데 기술장벽을 쌓은 생산자가 한정돼 있는 만큼 높은 영업이익률을 가져가는 것은 당연한 시장이 됐다.

예컨대 대만은 TSMC와 UMC를 필두로 세계 반도체 파운드리 시장의 60%를 장악하고 있다. 한국의 삼성전자는 20%에 못 미치며 미국의 글로벌파운드리나 중국의 SMIC는 10%도 하지 못하고 있다. 시장점유율 측면에서도 큰 차이가 있지만, 나노 단위의 기술력까지 검증할 경우 그 차이는 더욱 커진다.

## 파운드리 산업의 효과?

일각에서는 파운드리산업을 주문자위탁생산(OEM)에 비교하기도 한다. 설계능력은 전혀 없고 단순 가공제조로 인건비와 지대 장사 수준에 불과한 것 아니냐는 비판이다.

20세기 한국이 경공업, 일부 의류, 신발 등 OEM 제조공장에서 출발했듯이 고부가가치는 브랜드를 가진 해외업체가 다 가지고, OEM 공장은 하청업체로서 낮은 영업이익만 가져갈 수도 있기 때문이다. 실제 이 같은 OEM 공장은 영업이익률 5% 이하의 일반적인 하청 제조업에 불과하다. 이 때문에 한국에 있던 공장을 1990년대 중국으로 이전하고, 2000년대에는 베트남으로 또 최근에는 인도, 미얀마, 필리핀으로 이사를 거듭해야 했다.

기술력 시장이 아닌 인건비와 같은 가격경쟁시장이기 때문에 보다 저렴한 비용의 생산지역으로 이동할 수밖에 없는 셈이다.

반면 첨단 파운드리는 가격경쟁시장이 아니다. '메이드 인 프로페셔널', 대체불가한 기술력에 더해 대규모 자본이 투자된 대형 파운드리는 기술경쟁시장으로 높은 이익률로 고부가가치 영역을 확보할 수 있다. 또 팹리스 설계업체가 기본설계도는 작성해 주문 생산을 의뢰하더라도 전문적인 기술력으로 생산요건에 맞게 재설계하는 과정을 거치게 된다. 이 부분에서 제품이 더욱 고도화되고 경쟁력을 가지게 되는 방식이다.

아울러 OEM이 돈을 받고 제품을 생산 납품하는 '단순 도급'의 형태라면, 파운드리는 첨단산업의 리스크를 설계업체

## 하이테크 제조산업, 설계·생산 간 분화 가속

설계 〉 위탁생산 (파운드리) 〉 물류·판매 〉 CS

① 고난도 제품 리스크 분산
② 가치사슬 영역별 전문화로 제품 고도화

**일반 위탁생산(OEM)**
- 인건비·지대 등 가격경쟁 시장
- 낮은 영업이익률, 저부가가치

**첨단 파운드리**
Made in Professional
- 높은 진입장벽: 기술력·대규모 생산설비
- 높은 영업이익률, 고부가가치

와 생산업체가 나눠서 책임지는 헤징 (HEDGING)의 영역에 가깝다. 이는 바이오 신약개발에서 수천억~수조 원이 들지만 약품 완성 성공률은 10%도 되지 않는 것처럼 전문적인 설계와 생산에서 각각의 전문회사가 투자를 담당하는 것과도 비견된다.

대체불가의 기술로 진입장벽을 쌓은 파운드리는 결과적으로 막대한 경제적 효과를 창출한다.

세계 1위 반도체 파운드리 TSMC는 어마어마한 매출과 영업이익률, 또 고용창출력으로 대만의 경제를 부양하고 있다. TSMC는 시가총액이 600조원에 달하는 초대형 기업으로 성장했고, 대만 전체 민간투자의 22%를 차지하는 거대 기업이 됐다.

대만 GDP(국가총생산)의 3.7%를 담당하는 것은 물론 전체 수출의 20%를 책임지고 있다.

2022년에는 50%가 넘는 영업이익률을 거뒀으며, 직고용인원만 약 6만명에 이른다. 1~3차 협력사의 일자리 창출 효과까지 감안하면 20만명에 달하는 것으로 알려져 있다. 이 밖에도 세계 1위 파운드리가 대만에 위치함에 따라 해외 대형 반도체회사들도 연구개발센터를 대만에 설립하면서 경제적 가치를 더욱 높이고 있다.

반도체뿐만 아니라 바이오 신약 시장의 1위 기업 스위스의 론자(LONZA)도

이 같은 경제적 효과를 창출해 내고 있다. 최근 코로나19 백신을 개발했던 모더나, 바이오엔테크가 주사제 생산을 맡긴 것으로 유명한 론자는 바이오 신약 파운드리(CDMO)시장의 25%가 넘는 점유율로 1위에 올라 있다. 전 세계 40여 개국에 공장만 110여 개를 갖추고 있으며, 바이오 파운드리에 대한 적극적인 M&A(인수 · 합병)로 진입장벽을 더욱 높이고 있다. 론자는 스위스 국가 수출의 11%를 차지하며 1%에 가까운 GDP를 책임지고 있다.

반도체와 바이오 시장같이 미래신산업은 설계중심의 팹리스와 이들의 설계를 실행, 실현시키는 파운드리로 진화하고 있다. 어느 나라, 어느 기업이 설계하더라도 파운드리를 확보할 경우 높은 부가가치로 시장을 선점할 수 있다. 미래 신수종사업에서 한국이 제조패권을 차지하기 위해서는 제조공장을 고부가가치 파운드리로 진화시켜 도약할 수 있는 디딤돌을 마련해야 한다.

## 파운드리 기업 한 곳의 경제효과

**반도체 1위**

- GDP 3.7%, 수출 20% 차지
- 2022년 영업이익률 52%
- 직고용 임직원 5만8000명
- 반도체 해외 소·부·장, R&D센터 대만 유치

**바이오 1위**

- GDP 0.7%, 수출 11% 차지
- 2021년 영업이익률 31%
- 직고용 임직원 1만6200명
- 매년 10%이상 고성장, 모더나·바이오엔테크·코로나 백신 생산, 전 세계 40개국에 공장 110여 개

## 한국 반도체시장 경쟁력

한국은 삼성전자, SK하이닉스 등 대형 반도체회사를 보유하고 있다. 하지만 메모리반도체에 치우친 역량과 소재, 장비, 부품 사업 밸류체인에서 대부분 해외에 의존하는 문제로 기대만큼 높은 경쟁력을 확보하고 있지는 못하다.

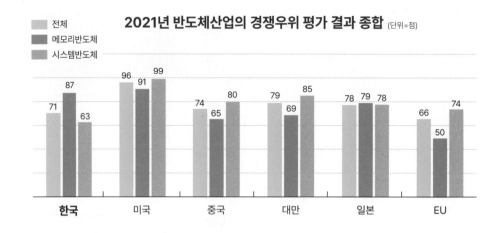

**2021년 반도체산업의 경쟁우위 평가 결과 종합** (단위=점)

전체
메모리반도체
시스템반도체

한국: 71, 87, 63
미국: 96, 91, 99
중국: 74, 65, 80
대만: 79, 69, 85
일본: 78, 79, 78
EU: 66, 50, 74

한국산업연구원이 2022년 11월 발간한 '반도체산업의 가치사슬별 경쟁력 진단과 정책 방향' 보고서에 따르면, 한국의 반도체 종합경쟁력은 세계 5위에 불과했다. 미국이 96점으로 가장 높고, 대만과 일본이 각각 79점과 78점으로 2, 3위를 차지했다. 한국은 71점으로 중국(74점)에도 뒤처졌으며 유럽(EU · 66점)보다 경쟁우위를 차지하는 데 그쳤다.

미국은 시스템반도체(99점), 메모리반도체(91점) 등 모든 제품에서 최상의 경쟁력을 보유했고, 대만은 메모리반도체(69점)는 낮은 점수였지만, 시스템반도체(85점)에서 높은 점수를 받았다.

반대로 한국은 메모리반도체(87점)에서는 높은 경쟁력을 평가받고 있으나, 시스템반도체(63점)가 비교 대상국 중 최하위로 평가됐다. 종합평가에서도 하위권으로 평가되었다. 한국의 메모리반도체 평가 결과는 87점으로 세계 최고 수준의 94~96% 수준으로 나타났다. 한국의 시스템반도체 평가 결과는 63점으로 세계 최고 수준의 86~90% 수준에 그쳤다.

산업연구원은 한국 반도체산업의 성장을 위해 팹리스 투자 강화, 반도체 제조장비 및 소재 조달의 안정성 확보가 필요하다고 진단했다. 아울러 기술 열위에 있는 시스템반도체 분야를 집중 투자하고, 메모리반도체 분야에서는 기술 유출 방지 노력이 병행돼야 한다고 지적했다.

\* 산업연구원 '밸류체인 기반 산업경쟁력 진단시스템 구축사업'의 전문가 델파이 조사 결과. 2022년

# 샤넬카가 나온다

## 급성장하는 전기차 시장

전기차 시장이 열리고 있다. 대량생산 가능성 논란을 딛고 2022년 말 글로벌 전기차 등록대수는 1000만대를 돌파했다. 전기차의 아이콘과 같은 테슬라뿐만 아니라 중국의 비야디, 한국의 현대차·기아로 판매량을 늘리며 시장 공략에 나서고 있다.

테슬라를 필두로 전기차는 국가별 보조금 시장에서 가격 인하 경쟁까지 더해지면서 생산량과 판매량이 모두 늘어날 것으로 기대를 모으고 있다.

미국 투자사인 아크인베스트는 보고서를 통해 앞으로 5년 동안 전기차 시장이 급성장할 것으로 보고 있다.

일례로 배터리 기반 전기차 대당 가격이 보조금을 포함해 1만4500달러(약 1800만원)까지 하락하면 모든 신차가 내연기

인천 영종도 BMW 드라이빙 센터에 새롭게 구축된 BMW 차징 스테이션.
BMW코리아

관 대신 전기차가 될 것이라는 파격적인 예측을 내놓았다. 2027년이면 전기차 연간 생산 대수가 최대 8000만대, 신차 기준 보급률은 90% 가까이 오를 것이라는 전망도 포함했다. 신차는 전기차가 사실상 장악한다는 의미다.

아크인베스트는 "수년 내 기존(내연기관) 자동차 제조사가 '죽음의 소용돌이'

## 이미 개화한 전기차 파운드리

전통 OEM뿐 아니라 IT회사까지 진입…

| 소니 | 혼다 | 소니카 |
| --- | --- | --- |
| IP 기반 설계 | 위탁생산 | '아필라' |

| 애플 | 폭스콘 | 애플카 |
| --- | --- | --- |
| 디자인 기반 설계 | 위탁생산 | |

브랜드리스 시장으로 확장

개인화 시장으로 진화 예상
2026년까지 130개 브랜드 출시

## 전기차 파운드리 시장 규모

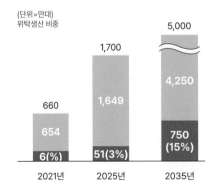

(단위=만대)
위탁생산 비중

| | 2021년 | 2025년 | 2035년 |
| --- | --- | --- | --- |
| 합계 | 660 | 1,700 | 5,000 |
| | 654 | 1,649 | 4,250 |
| | 6(%) | 51(3%) | 750 (15%) |

에 휘말릴 가능성이 높다. 소비자들이 전기차를 구입하지 못한다면 신차 대신 중고차를 선택하는 시기가 다가오고 있다"고 설명했다.

실제로 내연기관 신차 출고량은 빠르게 줄고 있다. 2022년 전 세계 내연기관 신차 출고량은 약 7000만대로 전년 대비 1000만대나 줄었다. 공급망 대란에 따른 출고 지연 현상에도 생산량을 늘리고자 안간힘을 쓰는 전기차와는 전혀 다른 흐름이다.

아크인베스트는 전기차의 생산량이 줄면 1대당 단가는 높아지고, 이 문제로 소비자가 다시 외면할 경우 판매량과 생산량이 모두 갈수록 줄어들 것이라고 분석했다. 대신 전기차는 생산량이 늘고 단가가 낮아지면서 선순환이 될 것이라는 전망이다.

포천 비즈니스 인사이트는 2020년 전 세계 전기차 시장이 2467억달러 규모였지만 2021년에는 2873억달러로 1년 새 대략 17% 늘었는데 이러한 추세라면 2028년에는 1조 3100억달러 규모의 시장을 형성할 것으로 전망했다. 그랜드뷰 리서치

테슬라 가격 인하 의사를 내비친 일론 머스크 CEO.　　　　매경DB

는 전 세계 전기차 시장 수요가 연평균 41% 이상 성장할 것으로 내다봤다.

가격을 낮춘 보급형 전기차도 주목받는다. GM과 포드, 폭스바겐 등 기존 제조사는 2만~3만달러대 소형 전기차 플랫폼 개발을 시작했다. 테슬라 역시 모델3의 절반 가격인 3만달러대 보급형 전기차 개발을 진행한 상태다.

일론 머스크 테슬라 최고경영자(CEO)는 "연간 1000만~2000만대의 전기차를 판매하기 위해서는 저렴한 보급형 차량 생산이 필수적"이라며 "테슬라 모델S가 모델3로 넘어가면서 제조 원가가 절반으로 줄었다. 현재 모델3와 비교해 절반 가격인 보급형 신차 개발이 충분히 가능하다"고 장담한 바 있다.

### 브랜드리스 시대, 자동차 패러다임 바뀐다

전기차는 내연기관 자동차와는 달리 브랜드리스 시장으로 변화할 전망이다. 완성차는 곧 브랜드라는 기존 패러다임이 전환되는 셈이다.

일본에서는 전자제품 업체인 소니가 자동차 신규 브랜드를 만들고 실제 제작은 완성차 회사인 혼다가 제조하는 '아필라' 자동차가 생산을 앞두고 있다. 컴퓨터, 스마트폰에서 선두주자인 미국 애플은 제조 파트너사인 대만의 폭스콘과 연합해 이번에는 '애플카'에 도전하고 있다. 브랜드사나 설계와 달리 기존 완성차 업계는 자동차 파운드리화되는 패러다임으로 전환되고 있다. 과거 애플이 애플카 제작을 위해 한국 자동차와 전장장비 업체를 실사하고 LG그룹이나 현대차·기아 등 주요 업체와 협력 가능성을 얘기한 이유다.

시장에서는 앞으로 브랜드를 앞세운 다양한 전기차가 나올 수 있을 것으로 보고 있다. 명품업계에서 자동차사업을 하고자 한다면 샤넬, 루이비통, 에르메스가 자동차 전문 파운드리에 명품 브랜드를 단 자동차를 공동 생산하고 판매할 수 있는 시장으로 변화할 수 있다.

실제 향후 10년간 출시될 전기차 모델 숫자는 과거 예측치보다 더 많아질 것으로 보인다. 유럽 교통환경국(European

한국 자동차산업 역량 총집결

Federation for Transport and Environment) 에 따르면, 유럽에서 2020년 33개, 2021 년 22개, 2022년 30개, 2023년 33개의 전 기차 신규 모델이 출시될 전망이다. 이는 EU 국가에서 판매될 BEV 모델이 2022 년에 100가지 이상이고, 2025년에는 172 가지에 달한다는 의미다. IHS Markit에 따르면 미국에서 2026년까지 43개 브랜 드가 130종의 전기차 모델을 생산할 전 망이라고 밝혔다.

전기차는 누가 만들든 개인화, 커스터마 이즈로 진화할 수 있다. 보스턴컨설팅그 룹은 2040년 750만대 이상의 전기차가 커스터마이즈된 파운드리에서 생산될 것 으로 예측하기도 했다.

## 한국, 완성차 경험과 부품 시너지 기대

자동차는 1대당 부품만 2만개가 들어가 는 전기-전자-기계의 종합예술에 가깝 다. 그만큼 다양한 회사의 협력이 필요하 다. 기계부품에서 철강, 비철금속, 고무, 유리, 플라스틱까지 전후방 경제효과도 거대하다. 자동차 산업 생태계가 있다면 해당 국가 지역에 막대한 경제적 효과를 줄 수 있는 셈이다.

한국은 지난 70년간의 완성차 경험과 부

품생태계로 전기차에서도 강력한 기회를 가지고 있다.

자동차의 핵심부품이 있는 4000개 이상의 부품사가 존재하기 때문에 완성차를 제작하기 위한 밸류체인을 쉽게 확보할 수 있다. 또 전기차의 핵심부품인 배터리, 카메라, 전기모터를 비롯한 IT소프트웨어에서 세계 수준의 경쟁력을 가진 대기업과 IT기업을 확보하고 있다.

이들이 시너지를 낸다면 기존 완성차업체 또는 새로운 자본을 갖춘 업체가 전기차 파운드리로의 전환이 가능하다.

또 국내에서 다소 경쟁력이 약화된 르노, GM, 쌍용 등의 기존 브랜드 완성차업체 공장이 과감히 전기차 파운드리로 트랜스폼하는 방안도 전기차 시대의 기회를 잡을 수 있는 계기가 될 수 있다.

해외에서 전기차 파운드리를 활용해 나이키카, 아디다스카나 명품업체의 루이비통 비이클, 샤넬카, 에르메스 머신 등 새로운 브랜드리스 전기차가 나올 수 있다면 국내에서는 쏘카, 카카오, SK텔레콤 등이 자체 전기차를 생산할 수도 있다.

모빌리티 플랫폼을 지향하는 만큼 자동차의 운용만이 아닌 실제 하드웨어를 주문생산할 수 있는 셈이다. 모빌리티 플랫폼 입장에서는 대량으로 다른 브랜드의 자동차를 사는 것도 방법일 수 있지만, 자체적인 자동차를 만드는 것도 브랜드 아이덴티티에 긍정적인 영향을 줄 수 있기 때문이다.

쏘카 이미지 사진.

매경DB

# 죽지 않은 한국원전, 새 시대로

**소형모듈원전(SMR)**

미국을 중심으로 원자력발전 시장은 차세대 탈탄소 에너지원으로 주목받고 있다. 특히 미국의 뉴스케일파워, 엑스에너지, 테라파워 등 이른바 3~4세대 원전을 표방하는 설계업체들은 2030년께부터 미국과 전 세계로 소형모듈원전(Small Modular Reactor)을 보급할 계획을 세우고 있다. 현재 업체들은 설계 막바지 단계로 테스트를 위한 초호기를 만드는 단

미국 테라파워의 소형모듈원전 개념도.                                          테라파워

계에 이르고 있다. 2025년을 전후해 원자력발전의 새로운 모델이 나오는 셈이다.

SMR의 가장 큰 장점은 안전성이다. 소위 말해 원자력발전소의 붕괴나 폭발 등 사고 과정에서 방사능 유출 가능성을 원천 차단한다는 특징을 가지고 있다.

예컨대 기존 원자력발전소는 경수로 원전이다. 원자력발전으로 발생한 열을 식히기 위해 대량의 물을 동원하는 방식으로, 발전소가 바닷가에 위치하는 이유도 여기에 있다. 2011년 일본의 후쿠시마원전 폭발 사고는 쓰나미로 발전소가 타격을 입은 뒤 원전 자체는 셧다운에 성공했지만 냉각기가 고장 나면서 열을 식히지 못했고 결국 화재가 발생하고 방사능이 유출된 사례다.

신생 SMR업체들은 안전성에 가장 큰 주안점을 두고 설계에 나서고 있다. 엑스에너지는 소듐, 테라파워는 나트륨 등 새로운 소재를 찾아 원전 자체가 그 어떤 사고에도 용융(MELT-DOWN)되지 않고 방사능 유출로 이어지지 않도록 발전소를 기획하고 있다.

안전성에 문제가 없다면 원자력만큼 효율성이 좋은 에너지원은 없다는 것

## SMR 시장 규모

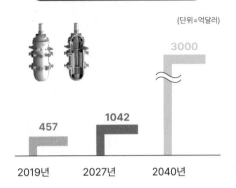

커지는 소형모듈원자로(SMR) 시장

(단위=억달러)

457 (2019년)
1042 (2027년)
3000 (2040년)

자료=세계경제포럼

## 소형 인공위성 시장

2017년 5조원 ×150배 2040년 750조원

## 탄소포집설비 시장 태동

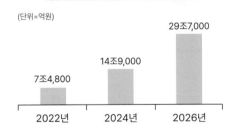

전 세계 탄소포집 연관 시장 전망

(단위=억원)

7조4,800 (2022년)
14조9,000 (2024년)
29조7,000 (2026년)

미국 뉴스케일파워 SMR플랜트 조감도.

이 기업들의 설명이며, 미국 정부의 결정이기도 하다. 또 더 이상 냉각을 위해 물을 사용하지 않기 때문에 바닷가에 대형 인프라를 깔고 발전소를 지을 필요도 없다. 사막 한가운데나 산맥 사이에도 SMR을 건설할 수 있고, 에너지효율을 위해 산업단지 공단 인근에도 SMR플랜트를 건설해 대량의 에너지를 공급할 수 있다. 엑스에너지의 경우 이미 글로벌 화학플랜트 회사와 계약을 맺고 상용화 시 해당 화학단지에 발전소를 건설해주기로 했다. 테라파워는 해안가가 아닌 와이오밍주, 유타주 등 산맥 인근에 발전소를 건설해 지역 에너지 공급에 나설 방침이기도 하다.

원전업계 관계자는 "산업단지 중에서도 위험도가 높은 화학플랜트 회사가 SMR과 계약했다는 것은 그만큼 미국에서도 SMR의 안전성에는 의문이 없다는 것"이라며 "10년 뒤에는 에너지원의 새로운 지평이 열릴 수 있다"고 설명했다.

또 소형모듈리액터라는 이름과 같이 작은 규모로 지을 수 있다. 기가와트급은 대형설비가 필요 없고, 300메가와트급으로 작은 빌딩 하나로 건설이 가능하다. 300메가와트는 10만가구가 1년을 사용할 수 있는 에너지를 생산할 수 있어 효율성도 높다. 인구 7만명의 경기도 과천이나 18만명의 서귀포시를 고려하면 SMR 1~2기면 다른 에너지원이 필요 없다는 계산이 성립한다.

장점을 두루 갖춘 에너지원에 대한 사업 진척이 이뤄지면서 시장도 점점 커지고 있다. 세계경제포럼에 따르면, 2019년 약

457억달러 규모였던 SMR 시장은 2027년 1000억달러를 돌파하고 2040년 3000억달러로 시장이 커질 것으로 보인다. 국제원자력기구(IAEA)는 세계 SMR시장은 2035년 630조원 규모가 될 것으로 보고 있다. 방대한 시장이 열린다는 의미다. 원자력 분야에서 뛰어난 시공·운영능력을 발휘해 온 한국 기업들은 기회를 잡고 있다.

먼저 국내에서 유일하게 SMR을 제작할 수 있는 두산에너빌리티는 미국 기업들과 손을 잡고 있다. 2019년부터 국내 투자사와 함께 뉴스케일파워에 1억400만달러(약 1800억원)를 투자했다. 뉴스케일파워는 설계·착공을 맡고, 두산에너빌리티는 SMR 본제품 제작에 나선다. 두산에너빌리티는 2023년 하반기부터 SMR 제작에 들어갈 것으로 보인다. 고위험사업에 있어 전문 설계와 전문 제작으로 분화되는 전형적인 파운드리화 시동이다.

HD현대는 해상 SMR에 관심을 기울이고 있다. 조선 중간지주사인 한국조선해양을 통해 미국 테라파워에 3000만달러를 투자했다. 삼성중공업도 2023년 1월 소형용융염원자로(CMSR)의 파워 바지 개념 설계를 완료해 미국선급협회(ABS)

한국수력원자력 혁신형 SMR 개념도.　　　　한수원

에서 인증을 받기도 했다.

SK는 그룹 차원에서 SMR 투자를 늘려나가고 있다. 2022년 8월 SK(주)와 SK이노베이션은 테라파워에 2억5000만달러 규모의 지분 투자를 했다. GS에너지, 삼성물산은 각각 뉴스케일파워와 SMR 건설·운영 공동 추진을 위한 협약을 맺기도 했다.

원전 업계에서는 지금이 SMR 분야에서 한국이 강점을 발휘할 절호의 기회로 평가한다. 미국은 1950년대부터 원전설계와 개발능력을 보유하고 있지만 제작보다는 설계에 치중한 탓에 자체 제작능력, 밸류체인이 무너진 상태다. 첨단기술 분야를 경쟁국인 중국과 협업하기도 어렵다. 이에 원전설계부터 제작 밸류체인을 확보하고 있는 한국이 협업 대상 1순위가 되고 있다.

# 이대로 가면
# 머스크가 지구를 정복한다

**소형 인공위성**

2022년 세계적인 혼란 속에 소형 인공위성이 때아닌 주목을 받았다.

러시아의 우크라이나 침공과 이란의 여성인권 문제에 따른 대규모 시위 발생에 소형 인공위성 업체가 통신을 지원하기로 했기 때문이다. 해당 업체는 세계 최대 부자로 거론되는 일론 머스크 테슬라 최고경영자(CEO)가 설립한 '스페이스X'였다. 전쟁 때문에 통신망이 붕괴되더라도, 정부가 고의로 통신을 제한하더라도 위성을 통한 서비스를 가능하게 할 수 있기 때문이다. 스페이스X가 제공하는 저궤도 위성인터넷 서비스는 '스타링크'다. 스타링크는 낮은 궤도를 돌고 있는 수천 개의 위성을 이용해 초고속 통신서비스

· 軍 정찰위성 최초 발사
» 핵심 표적 감시 주기 및 위성 재방문 주기 단축 가속화

· 고체 추진 우주발사체 최종 시험 발사

월등한 대북 우위 정보·감시·정찰(ISR) 능력 구축

를 제공하는 방식이다. 스타링크는 국가별로 통신망이 제대로 갖춰지지 않았거나, 할 수 없는 상황에서도 위성을 통해 데이터통신이 가능하도록 서비스하고 있다. 스페이스X는 이미 3000개가 넘는 통신용 저궤도 위성을 쏘아올렸다. 미국 연방통신위원회(FCC) 허가를 받은 통신용 저궤도 인공위성은 그 대수만 7500개에 달한다.

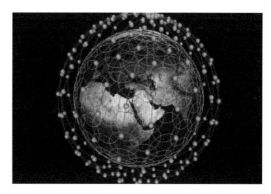

소형 군사위성 개념.　　　　　　　　　　국방기술품질원

## 신시장, 저궤도 위성이 뜬다

인공위성 시장은 세계적인 안보 역량 강화 흐름과 데이터 통신량 확대에 따라 그 수요가 늘고 있다. 특히 그간의 인공위성이 고궤도와 대형 위주의 시장이었다면 앞으로는 지구 표면과 가까운 저궤도 위성(close-orbit satellite)의 시대가 될 것이라는 전망도 나온다.

일반적인 인공위성은 지구 표면에서 3만 6000km 높이에 떠 있는 고궤도 정지궤도위성을 뜻한다. 아주 높은 위치에서 지구의 자전 속도와 같은 속도로 지구를 돌면서 특정 지역을 비추고 통신하는 방식이다. 이 때문에 지구에서 관측하면 항상 같은 위치에 떠 있어 정지위성으로 보이기도 한다.

저궤도 위성이 주목받는 이유는 지구와의 거리적인 측면에서 장점이 많기 때문이다. 먼저 정지궤도위성은 거리가 멀어 통신에 신호 지연이 발생한다. 지구상에서 2000km 안팎, 최소 300km에 떠 있는 소형 저궤도 위성은 지상센터와 신호 지연이 고궤도 대비 100배가량 현저히 줄어든다.

1t에 달하는 고궤도 위성 대비 100kg대까지 무게를 대폭 줄인 저궤도 위성은 특수목적형으로 제작하면서 비용을 크게 경감시킬 수 있다. 아울러 발사부터 1만km 이상을 날아가야 하는 로켓을 보유할 필요가 없어 고출력 발사체가 없어도 된다. 저비용인 만큼 시장에서는 수백, 수천 개의 작은 위성을 쏘아 올려 지구상에 더 많은 지역을 커버할 수 있는 방안을 고려하게 되는 셈이다.

이노스페이스 재사용 발사체 개발 예상도.
매경DB

특히 발사체는 세계적으로 군사용 로켓, 미사일로 전용될 수 있는 만큼 국가별로 규제가 걸려 있다. 저궤도의 경우 소위 대륙간탄도미사일(ICBM) 수준이 아니기 때문에 규제도 덜하다.

KDB 미래전략연구소가 2021년 10월 발표한 '차세대 통신서비스를 위한 저궤도 위성 산업 동향' 보고서에 따르면, 세계 위성 산업 규모는 2018년 3600억달러에서 2040년까지 1조1000억달러 수준으로 늘어날 것으로 전망되고 있다.

유로컨설팅에 따르면, 2030년대에는 매해 2500개 이상의 인공위성이 발사될 것으로 보이며 향후 10년간 미래 시장 규모는 5000조원에 달할 것이라는 전망을 내놓기도 했다. 미국 투자은행 모건스탠리는 전체 위성통신 산업은 2040년까지 연평균 6% 성장하는 데 반해 저궤도 통신 서비스는 2025년부터 사업이 본격화되고 이후 36%씩 시장이 확대될 것으로 보고 있다.

시장이 크게 형성되는 것은 저궤도 위성의 단점과도 결부돼 있다. 고궤도는 사실상의 우주로 다른 물체와의 충돌이나 부식에 대한 우려가 작다. 반대로 저궤도는 지구 표면과 가까운 지역에서 자전 속도와 달리 돌기 때문에 내구성이 떨어지는 환경에 있다. 일각에서는 수만 개의 위성이 뜰 경우 소형 위성끼리의 충돌도 우려하는 상황이다.

실제 일론 머스크의 스페이스X도 인공위성을 분실하기까지 했다. 스페이스X는 지난해 위성 40개를 지구 자기장의 변화와 폭풍현상으로 유실한 바 있다. 우주 관련업계에서는 소형 위성은 연식에 따라 기능을 잃을 수 있기 때문에 2~3년에 한번씩 교체주기를 설정해 계속 위성을 쏴야 할 수도 있다고 보고 있다.

전문적인 제작 시장이 형성된다는 의미다.

# 한국 방산산업 위성 제작으로 진화

시장에서는 민간기업 스페이스X가 선두 기업이며, 다른 저궤도 위성은 대부분 국가기관의 통신용 또는 국방, 안보용 목적의 위성이 차지하고 있다. 스페이스X는 위성을 자체적으로 제작하지만 모든 국가들이 위성을 제작할 수는 없는 만큼 유럽 선진국이나 아시아, 아프리카 국가는 통신과 안보를 위한 통신위성 필요성에 따라 다른 나라에 제작을 의뢰할 가능성이 높다.

국내에서는 한화그룹이 소형 위성 제작 파운드리사업 개척에 나서고 있다.

한화그룹은 한화시스템을 주축으로 도심항공교통(UAM)과 위성통신사업이 시너지를 이루는 신수종사업을 추진하고 있다. 한화시스템은 저궤도 위성과 전자식 안테나로 미래 시장을 선점한다는 계획이다. 한화시스템은 2020년 영국의 전자

아이슬란드 헤들리스헤이디에 있는 공기 중 직접 탄소포집(DAC) 공장 '오르카(Orca)' 전경. 직사각형 모양의 모듈형 탄소포집장치에서 공기 중에 떠다니는 이산화탄소를 빨아들이고 있다.　매경DB

식 위성통신안테나 개발 기업 페이저솔루션을 인수해 한화페이저를 설립했다. 2021년 5월엔 미국의 위성안테나 기업 카이메타에 330억원을 투자하는 등 사업에 박차를 가하고 있다. 이와 관련해 김연철 당시 한화시스템 사장은 "지난 40여 년간 방산사업을 통해 획득한 레이다, 통신기술에 최근 인수와 투자를 통해 획득

카본엔지니어링 업체의 직접공기포집기기(DAC). 　매경DB

한 저궤도 위성 안테나 기술을 접목해 자체 인프라 역량을 확보할 계획이다"고 말했다. 이 밖에도 자회사 쎄트렉아이도 위성사업을 병행하면서 새로운 위성시장을 겨냥하고 있다.

또 나라스페이스와 같은 스타트업도 소형인공위성 시장을 테마로 위성설계·제작 시장에 뛰어들고 있다.

### 탄소포집플랜트

탈탄소시장의 핵심으로 거론되는 탄소포집(CCUS)플랜트 관련 업계는 2040년 2000조원 규모로 성장할 전망이다.

탄소포집·활용·저장(Carbon capture and utilization, storage)플랜트는 대기 중에 있는 이산화탄소뿐 아니라 산업공정에서 발생하는 이산화탄소를 전문적으로 포집해 활용하거나 이를 저장하는 기술을 뜻한다.

세계적인 제조업의 탈탄소 프로젝트로 발생량을 줄이는 것도 과제이지만, 이미 발생했거나 발생할 탄소를 줄일 수 있는 것도 또 하나의 시장인 것이다.

예컨대 화력 발전소나 제철소, 시멘트 공장 등에서 배출되는 탄소를 저감하기 위해 CCUS기술을 활용할 수 있다. 사람의 경제활동에서 발생하는 탄소를 0으로 만들 수는 없지만 직접공기포집기기

## 단계별 실적 구축 방안

**STEP 1**
시제품 지원해 트랙레코드 구축

**STEP 2**
트랙레코드 기반 해외 수주 확장

**STEP 3**
설계 선제안 파운드리 업체로 전환

(DAC)로 배출량보다 많은 탄소를 포집·제거하는 식이다.

2050 탄소중립녹색성장위원회는 2021년 발표한 '2050 탄소중립 시나리오'에서 DAC 기술을 통해 전체 탄소 배출량의 7.4%를 저감하겠다는 계획을 내놨다. 탄소감축의 기준이 되는 해인 2018년 배출량을 고려하면 DAC로만 연 5000만t 이상 포집이 필요하다는 계산이 나온다. 탄녹위는 이렇게 포집한 탄소를 차량용 대체 연료로 활용하겠다는 전망도 담았다. 실제 시장 확장 속도도 매우 빠를 것으로 예측된다. DAC를 생산하는 캐나다의 카본엔지니어링에 따르면 탄소중립을 위해 전 세계적으로 대략 1년에 5~10기가t가량의 $CO_2$ 제거가 필요할 것으로 예상된다. 2020년 기준 전 세계 탄소 포집 용량은 40메가t에 불과하다. 최소 125배로 용량이 늘어야 한다는 의미다.

에너지회사인 엑손모빌은 2040년께에는 CCUS시장이 2000조원대에 이를 것으로 분석하고 있다.

## 민관 One Team 파운드리 육성

| SMR | | 탄소포집플랜트 | | 소형 인공위성 | |
|---|---|---|---|---|---|
| 설계 | 위탁생산 | 설계 | 위탁생산 | 설계 | 위탁생산 |
| 한국수력원자력㈜ | DL E&C, DOOSAN 두산에너빌리티, SAMSUNG 삼성중공업, 현대중공업 | 한국전력공사, KNOC | DL E&C, SAMSUNG ENGINEERING, GS건설 | KARI 한국항공우주연구원 | 한화시스템, kt, INNOSPACE |

우주로 향하는 달탐사선 '다누리'호.                                          스페이스X

## 트랙레코드가 미래수주의 핵심

소형모듈원자로, 소형인공위성, 탄소포집저장플랜트. 3가지 첨단산업의 특징은 아직 시장이 초기단계이며 세계적으로 제품 완성과 사업 성공에 도전하는 설계 벤처회사들은 많지만 실제 벤처회사들의 설계에 더해 제작 노하우와 기술 IP를 발현시켜 완벽한 첨단제품을 구현할 수 있는 실행력을 갖춘 회사는 적다는 점이다.

3000조원이 넘는 시장이 열리는 만큼 기회는 많지만 아무나 도전할 수 있는 영역도 아니다. 다만 한국은 그간의 제조업 발전과정에서 원자력, 방위 · 우주산업, EPC 플랜트 등 첨단전자기술과 기계 제조 및 건설 EPC 경험이 충분한 대기업 중심의 생태계가 형성돼 있다.

이 같은 제조생태계에 대한 추가 투자와 지원이 이뤄진다면 3가지 분야의 파운드리화는 현실이 될 수 있다.

가장 큰 걸림돌은 사업수주 경험, 실적이다. 성공적인 첫 프로젝트를 수행한다면 이를 기반으로 한국시장을 디딤돌 삼아 세계에 도전할 수 있다. 현재 한국 정부도 관련 분야에 대한 발주와 기술개발 지원 프로그램을 만들고 있지만 규모나 지원금 면에서 다소 아쉬움이 있다. 정부의 자금이 부족하다면 민관협력펀드를 조성해 함께 리스크를 지고 성공을 향해 나아가는 것도 대안이 될 수 있다.

새 정부 들어 원자력발전 기술을 더욱 융성시키겠다는 의지와 함께 소형인공위성사업도 보다 구체화시키는 작업이 진행되고 있다. 국내 원자력 기술 기업들이 UAE 원전을 지었고, 이 기술을 활용해 해외 여러 국가의 SMR에 도전할 수 있는 것이다.

위성 분야에서도 발주가 기대된다. 한국 정부는 초소형 위성 체계 개발사업을 통해 국방부 및 방위사업청, 과학기술정보통신부, 해양경찰청, 국가정보원 등 다부처 협력사업으로 이를 추진하고 있다. 2030년까지 총 1조4223억원이 투입된다. 총괄 연구는 국방과학연구소(ADD)가 담당하고 한국항공우주연구원, 전자통신연구원, 국가보안기술연구소 등 국내 여러 연구기관 및 업체들도 참여한다.

초소형 위성 체계는 다수의 합성개구레이더(SAR) 위성, 전자광학(EO) 위성과 지상체로 구성·운영된다.

위성을 초소형으로 제작해 군집 형태로 운용하면 낮은 비용으로도 재방문 주기(위성이 같은 지점 정찰을 위해 궤도를 한 바퀴 도는 주기)를 단축할 수 있다. 정부는 초소형 위성 체계로 획득한 위성 영상정보를 한반도와 주변 해역의 위기 상황 감시 및 해양 안보·치안·재난 위협의 대비 등에 활용한다는 계획이다. 정부는 2023년 상반기 중 복수의 SAR 검증위성 업체를 선정하고 2026년 후반기에 검증위성을 발사해 성능을 확인한 후 2028년부터 다수의 위성을 순차적으로 발사할 계획이다.

탄소포집저장기술과 관련해서도 과기부는 기술개발 지원을 위한 연구개발 지원 공고를 준비하고 있다.

국내 대기업들도 CCUS과 DAC투자에 나서고 있다. SK머티리얼즈는 미국의 '8rivers'라는 DAC 기술을 보유한 CCUS 기업에 1200억원을 투자한 바 있다. SK E&S도 CCUS를 활발하게 연구하는 대표 기업이다. GS그룹도 GS칼텍스 등 탄소배출 기업이 있기 때문에 DAC 기술에 관심을 보일 거라는 전망이 나온다. 스타트업으로는 국내 기업 '로우카본'이 연 600kg의 이산화탄소를 포집하는 DAC 제품을 상용화한 바 있다.

직접적인 기술과 함께 대형 플랜트에 대한 EPC 수요도 건설·중공업사를 중심으로 주목받을 전망이다.

# 코로나 백신 누가 만들었을까

코로나 팬데믹으로 더욱 주목받은 제약·바이오산업도 파운드리화되고 있다. 특히 일반적인 감기약과 같은 알약이 아닌 백신과 같이 기술력이 필수적인 고부가가치 주사제가 핵심이 되는 바이오신약 산업에서 파운드리의 중요성이 더욱 커지고 있다.

코로나 백신 개발로 주목받은 모더나, 바이오엔테크 등의 바이오신약 개발사가 제품을 설계하고 론자와 같은 신약전문 제조업체와 함께 임상과 생산을 하는 방식이다.

제약·바이오산업의 파운드리로 불리는 이 같은 CDMO(contract development and manufacturing organization) 분야는 점점 시장이 커지고 있고 대형화를 통해 기술 진입장벽도 형성되고 있다.

## 바이오신약의 고성장

글로벌 제약·바이오시장은 2030년까지 평균 6~7% 성장이 예고되고 있다. 코로나 팬데믹으로 2021년 세계시장 규모가 10%에 가까운 급성장을 이룬 뒤에도 바이오시장의 중요성이 더욱 강조되면서 투자 규모가 더욱 늘어날 것이라는 관측이 지배적이다.

한국 정부만 해도 2023년 초 2030년까지 정부 연구개발(R&D) 자금 8조원을 투자하고, 민간투자 확대를 통해 180조원을 유치하겠다는 로드맵을 제시하기도 했다.

제약·바이오시장은 크게 합성의약품과 바이오의약품으로 정리된다. 흔히 쓰이는 감기약, 두통약 등의 알약은 합성의약품에 해당한다. 비교적 단순한 제조 과정으로 대량생산 과정에서 기술적 차별성

## 세계 의약품 시장 규모

(단위=십억달러)

| 지역별 | 2017년 | 2018년 | 2019년 | 2020년 | 2021년 |
|---|---|---|---|---|---|
| 북미 | 477.4 | 506.0 | 531.6 | 562.4 | 607.7 |
| 아프리카 · 아시아 · 오스트랄라시아 | 257.6 | 270.6 | 290.5 | 289.5 | 316.1 |
| 유럽 | 239.5 | 258.1 | 261.4 | 276.0 | 308.6 |
| 라틴아메리카 | 68.9 | 46.0 | 45.7 | 42.5 | 48.0 |
| 전체 시장 | 1,043.4 | 1,080.8 | 1,129.2 | 1,170.4 | 1,280.5 |
| 성장률 | 3.6% | 3.6% | 4.5% | 3.7% | 9.4% |

자료=IQVIA

이 적응 영역이다. 합성의약품 시장은 아직 바이오의약품보다 높은 비중을 차지하지만 연평균 4% 안팎의 성장추세를 보이고 있다. 저부가가치 시장이지만 세계 인구가 80억명을 돌파하고, 고령화 추세에 있는 만큼 합성의약품에 대한 수요도 늘고 있기 때문이다.

고부가가치 영역으로 거론되는 바이오의약품은 백신, 줄기세포치료제, 유전자 재조합치료 등 생명공학 기술을 활용한 시장이다. 합성의약품이 독성이 높고 부작용에 대한 우려가 있는 데 반해 바이오의약품은 표적치료제로 우수한 효능과 함께 적은 부작용 등으로 투자효율성이 높은 사업으로도 주목받고 있다.

바이오의약품은 제제별로 생물학적 제제, 유전자재조합 의약품, 세포배양 의약품, 세포 · 유전자 치료제 등으로 구분된다.

먼저 생물학적 제제는 생물체 유래물질이나 이를 가공한 생성물질로 흔히 백신, 혈액제제 등을 뜻한다. 유전자재조합 의약품은 유전자조작을 통한 미생물, 동물세포 배양 등을 통해 개발한 제품으로 단백질치료제 일종인 인슐린, 성장호르몬, 인터페론 등이 있다.

세포배양 의약품은 세포를 이용한 인공항체, 단백질 등이 많으며 세포 · 유전자 치료제는 암, 신경질환 등 난치성질환 치료를 위한 제품으로, 유전물질을 변형한 세포 등을 의미한다.

기대가 큰 시장인 만큼 성장규모도 합성의약품 대비 3배에 달하는 연간 14~15% 성장이 예고되고 있다. 바이오의약품 시장은 2020년 2914억달러에서 2025년

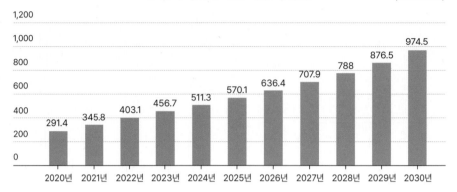

## 세계 바이오의약품 시장의 성장

(단위=십억달러)

|  |  |
|------|------|
| 2020년 | 291.4 |
| 2021년 | 345.8 |
| 2022년 | 403.1 |
| 2023년 | 456.7 |
| 2024년 | 511.3 |
| 2025년 | 570.1 |
| 2026년 | 636.4 |
| 2027년 | 707.9 |
| 2028년 | 788 |
| 2029년 | 876.5 |
| 2030년 | 974.5 |

자료=Statista(2022)

5701억달러, 2030년 9745억달러에 이를 것으로 추산된다. 10년 새 3배가량 고성장하는 셈이다.

합성의약품 시장은 개발이나 생산의 난도, 진입장벽이 낮기 때문에 일정 자본을 가진 국가나 기업은 누구나 시장에 참여할 수 있다. 단순 위탁생산 OEM 수준으로 분류할 수 있다.

하지만 바이오의약품 시장은 개발과 생산의 난도가 높고 막대한 자본이 들어가는 만큼 누구나 진입할 수 없다. 또 기술력이 필요한 분야로 바이오의약품 시장에서 파운드리 의존도는 최근 20% 수준에서 향후 50% 이상으로 높아질 전망이다. 세계적으로는 대형 제약·바이오사

를 중심으로 진입장벽이 형성되고 있다.

### 글로벌 빅6가 시장 70% 장악

바이오의약품의 생산전문화에 따라 기존 제약사와 글로벌 대기업들은 CDMO시장, 즉 바이오 파운드리에 막대한 투자를 하고 있다. 덩치를 키우는 규모의 경제를 시현하면서 중소형 제약사도 넘볼 수 없는 시장이 구축되고 있다.

실제 글로벌 톱6 바이오 파운드리 기업은 전체 시장의 70%를 장악하고 있다. 시장조사기관 프로스트앤드설리번에 따르면 2020년 기준 글로벌 바이오의약품 CDMO 시장은 상위 6개 기업이 전체 시장의 70%를 점유한 상황이다. 1위 론자

의 시장 점유율이 25%로 가장 높다. 삼성 바이오로직스와 캐털란트바이오로직스가 각각 9%, 베링거인겔하임과 서모피셔사이언티픽 등이 각각 8%로 뒤를 잇는다. 중국의 우시바이오로직스는 7.6%를 차지하고 있다.

이들 6개 회사는 경쟁적으로 설비를 확충하고, 중견 CDMO업체를 인수하면서 규모의 경제를 강화하고 있다.

또 7위로 거론되는 일본의 후지필름도 빅5급 도전을 위해 투자의사를 밝히기도 했다.

2022년 후지필름은 총 6000억엔(약 6조 원)을 투자한다고 밝혔으며, 일본에서는 이를 '바이오업계의 TSMC'로 규정했다. 의약품 재료생산기술의 강점을 살려 파운드리에서 역량을 발휘하겠다는 의미다. 후지필름이 가세하면서 시장은 사실상 빅7 바이오 파운드리가 전체 시장의 75% 가량을 차지하게 됐고, 나머지 25%를 두고 전 세계 수백 개의 중소·중견 바이오 업체가 난립하는 형국이다. 제약업계에 따르면 중국에만 100개 이상의 CDMO 회사가 즐비한 상황이다.

또 글로벌 기업들도 바이오 파운드리에 도전하고 있다. 예컨대 스위스 제약회사 노바티스는 2021년 8월 미국 내 유전

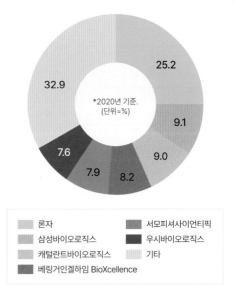

**글로벌 바이오의약품 CDMO 시장**
**: 상위 주요 기업이 차지하는 비중**

*2020년 기준.
(단위=%)

25.2
32.9
9.1
9.0
8.2
7.9
7.6

■ 론자
■ 삼성바이오로직스
■ 캐털란트바이오로직스
■ 베링거인겔하임 BioXcellence
■ 서모피셔사이언티픽
■ 우시바이오로직스
■ 기타

자료=프로스트앤드설리번

자치료제 공장을 일본 유리 제조업체인 AGC에 매각했다. AGC는 2020년 6월에도 영국 제약회사 아스트라제네카의 미국 공장을 인수하기도 했다. 모리 다카히로 미즈호증권 애널리스트는 "의약품 제조업체는 복잡하고 고도화된 생산 기술에 대한 투자 우선순위를 낮추고 있다"며 바이오 의약품 업계에서 분업이 앞으로도 계속될 것이라고 내다봤다.

## 초대형 K-바이오 파운드리 구축하라

국내에는 글로벌 톱티어 바이오 파운드리로 삼성바이오로직스만이 있는 상태다. 최근 SK, 롯데, CJ 등 다른 대기업들도 바이오 CDMO시장에 진출하고 있지만 파운드리 규모 면에서는 아직 격차가 있다. 아울러 기존 중소·중견 제약사에서도 바이오 파운드리를 표방하고, 국내외에서 CDMO사업에 뛰어든 회사는 20여 개에 이르는 것으로 추산된다.

기술을 기반으로 대형화되는 시장에서 일부 기업의 경쟁력 하락이 불가피해질 우려가 있는 셈이다. 특히 국내 제약·바이오회사들은 마지막 완제품 생산을 위해 소재, 부품, 장비 등 필요한 공정단계의 물품을 대부분 수입에 의존하고 있다. 한국산업연구원에 따르면, 소·부·장 해외 제품 의존도는 90%에 달한다.

결국 국내 중견 바이오 파운드리는 규모의 진입장벽에 막혀 대형 수주가 어렵고, 같은 치료제라 하더라도 높은 수입의존도 탓에 소규모 구매로는 원가경쟁력에서 밀릴 수밖에 없다.

이 같은 약점을 극복하기 위해서는 중견 CDMO사의 컨소시엄화를 대안으로 세울 수 있다. 'K-바이오 파운드리 컨소시엄'을 이뤄 해외 대형 신약개발사나 유엔, EU 등 국가 단위의 발주에 대응해 공동 수주로 규모의 경제를 구현할 수 있기 때문이다. 과거 한국 바이오사들은 대표적인 바이오의약품인 백신에서 컨소시엄을 구축한 전례도 있다.

지난 코로나 팬데믹 기간 삼성바이오로직스는 모더나, SK바이오사이언스는 아스트라제네카, 노바백스 등의 코로나 백신을 위탁생산한 바 있으며, 중견업체들은 연합을 통해 러시아산 '스푸트니크V' 백신에 대한 공동 수주 컨소시엄을 구성하기도 했다.

2021년 러시아 국부펀드(RDIF)는 지엘라파와 한국코러스에 1억5000만도스의 스푸트니크V 생산을 맡긴 데 이어 5억도스를 추가했다. 이에 따라 지엘라파와 자회사 한국코러스를 주축으로 7개 기업·기관(바이넥스, 보령바이오파마, 이수앱지스, 종근당바이오, 큐라티스, 휴메딕스, 안동 동물세포실증지원센터)이 참여하는 컨소시엄이 구성된 바 있다.

당시 컨소시엄은 기술이전 등에 이어 생산까지 이어졌지만 예상치 못한 러시아의 우크라이나 침공 문제 등으로 수출을 통한 매출 확보까지는 이어지지 못했다. 하지만 이 같은 도전은 향후 사업실적으로 남아 다른 바이오의약품에 대한 한국

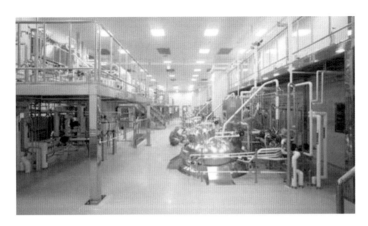

삼성바이오로직스 송도 2공장 내부 전경.

중견기업들의 재도전을 가능케 하고 있다. 특히 공동 수주에 대형 물량을 확보할 경우 국내 바이오 파운드리가 가진 약점인 해외의존도 부분에서 바잉파워를 통해 원가경쟁력까지 확보할 수 있기 때문이다. 또 국내 바이오 생산량이 확대될 경우 해외 소재, 부품, 장비기업들이 단순 수출이 아닌 한국 내 지사를 설립하거나 R&D센터를 추진하는 등 부가적인 효과를 낼 수도 있다.

예컨대 삼성바이오로직스가 인천 송도에 대규모 설비를 갖춘 파운드리를 형성하자 해외 협력업체들도 송도에 투자하는 경제효과를 창출하기도 했다.

독일 생명과학기업 싸토리우스가 대표적이다. 바이오의약품 생산에 필요한 소·

부·장 제품 시장에서 세계 1, 2위를 다투는 싸토리우스는 3억달러(약 3738억원)를 들여 2025년까지 송도에 대규모 생산·연구 시설을 짓는다. 또 프랑스의 글로벌 기업 생고뱅도 2020년 1월 송도에 연면적 1만3293㎡ 규모의 제조시설을 준공했다.

제약업계에서는 'K-바이오 파운드리 컨소시엄'에 더해 설비투자 역량 강화를 위한 '메가펀드' 조성안도 대안이 될 수 있다는 시각이다. 대규모 설비투자가 필수인 파운드리 산업의 특징을 감안해 규모의 경제 시현을 위한 정부 차원의 펀드 조성이 미래 바이오·의약시장에서 한국이 앞장서는 데 기여할 수 있기 때문이다.

# 엑스에너지
# +
# 테라파워 CEO

엑스에너지(X-ENERGY)와 테라파워
(TERRA POWER)는 각각 고온가스냉
각 방식과 소듐냉각 방식으로 SMR(소형
모듈원전)을 개발하고 있는 4세대 SMR
의 선두주자. 테라파워는 마이크로소
프트 창업자인 빌 게이츠가 2008년 설립
한 기업으로, SK그룹이 2022년 8월 2억
5000만달러를, 한국조선해양이 2022년
11월 3000만달러를 투자했다. 두산에
너빌리티와 엑스에너지는 한국 기업들
의 이번 1억3000만달러 투자 논의 전인
2021년 8월 주기기 제작설계 용역 계약
을 맺었다. 엑스에너지는 두산에너빌리
티에 주기기 제작을, DL이앤씨에 EPC
와 아시아지역 개발 사업을 맡길 전망
이다.

2개 기업 모두 한국 기업과 투자와 계
약관계를 맺으면서 청사진을 그리고 있
다. 시장에서는 이들 미국 기업이 설계
를 맡고, 한국 기업들이 실제 SMR 제작
에 나서면서 SMR 시장을 키울 것으로
예상하고 있다. 특히 미국은 1950년대
부터 1세대 원전을 설계·제작한 경험
과 관련 특허기술들을 보유하고 있지만,
설계기업만 남겨두고 실제 원전을 지
을 수 있는 소재, 부품, 장비 등의 업체
는 없는 형국이다. 결국 설계기술만 있
을 뿐 실제 제작에 대한 기술적인 노하
우는 철저히 해외에 의존해야 하는 상
황이다. 아울러 중국이 원자력에 집중
투자하고 있고, 프랑스나 영국 기업이
설계와 제작에서도 경쟁에 나서고 있기
때문에 파운드리화되는 원전 제작 기술
은 한국과 손잡을 계획을 세우고 있다.
엑스에너지와 테라파워도 모두 실행력
(Execution)을 강조하면서 한국의 원전
제작기업과 중공업, 건설사의 EPC 능
력에 의존할 것으로 보인다. EPC는 대
형 건설 프로젝트는 인프라사업에서
계약사업자가 설계(Engineering), 조달
(Procurement), 시공(Construction)을 모
두 맡아 사업을 진행하는 방식으로 턴
키(Turn-key) 시공과 유사하다.

클레이 셸
엑스에너지 CEO

66

# 용융되지 않으면
# 방사능 유출도 없다.
# 안전성 최고의 원전

99

**엑스에너지를 간단히 소개하자면 어떤 기업인가?**

ㄴ 우리는 SMR(소형모듈원전) 선도기업으로서 현재 4세대 원전설계를 하고 있다. 페블로 불리는 연료를 설계, 제조하고 있으며 우리의 원전은 페블로 발전하는 방식이다.

엑스에너지의 미션은 파워소스인 전력을 전 세계적으로 대량생산하면서 에너지 니즈를 충족하고 청정한 에너지, 탈탄소를 달성해 후손들을 위한 세계를 만드는 것이다.

**SMR 설계 개발 경쟁 기업은 세계적으로 50곳이 넘는다. 차별성, 기술적 우위는 무엇인가?**

ㄴ 크게 세 가지가 있다. 먼저 캐피털이 충분하다. 성공적으로 자본을 유치하는 데 성공했다. 미국 정부로부터 10억달러가 넘는 설계지원금과 민간투자 3억달러를 유치했다.

둘째, 전 세계 유수 기업으로부터 선택받아, 벌써 고객층이 확보됐다. 세계 최대 화학회사 중 하나인 다우케미칼과 캐나다 유틸리티기업도 우리 기술을 채택해 엑스에너지의 SMR을 미래 에너지원으로 사용하기로 했다. 또, 공급망 구축계획도 마련했다. 예컨대 한국의 두산에너빌리티, DL이앤씨 등 원전 제작 기술업체와 플랜트 EPC사와도 협력을 약속했다.

**SMR의 가장 큰 장점은 무엇인가? 원자력이기 때문에 안전에 대한 걱정도 있다.**

┗ 최고 강점은 우리의 원전은 용융(멜트다운)되지 않는다는 점이다. 설계적으로 용융되지 않기 때문에 가장 뛰어난 안전성을 자랑한다. 또, 작고 좋은 디자인으로 탈탄소에도 긍정적이다.

아울러 시장에서는 가장 합리적인 가격에 제공할 수 있을 것으로 생각한다. 또 고온스팀과 전기를 만들기 때문에 업체들에도 좋다. 스팀을 활용할 수 있는 산업 고객들에게 추가적인 기능을 줄 수 있다.

**가격은 얼마고 실제 사이즈는 얼마나 작나?**

┗ 부품들은 진짜 작다. 육로 수송이 가능할 정도다. 모듈로 생산하고 4개의 320메가와트 세트로 만들어진다.

**사업 진척은 어떤가? 어느 시점에 와 있고, 시제품의 완성과 첫 보급 시점은 언제가 될 수 있는가?**

┗ 상업운전시점은 2029년으로 잡고 있고, 우리의 관련 기본설계는 완성됐다. 상세설계가 완성 단계에 있다. 시제품은 2026년에 완성될 예정이다.

바이어들과 함께 첫 번째 프로젝트 이후에 신속하게 후속 프로젝트를 진행할 수 있도록, 큰 시차 없이 여러 대를 공급하는 방안을 준비하고 있다.

**미국에서 SMR은 정부의 전폭적인 지원을 받고 있는 것으로 안다. 가장 효과적인 지원은 무엇이었는가?**

┗ 미국 정부의 자금지원이 있다. 제품 시장 출시 전 10억달러 이상이 필요한데, 펀딩이 가장 큰 도움이 됐다. 직접적인 지원 외에 거시적인 지원도 있다.

미국은 단기간에 많은 원전을 짓고 싶어한다. 이는 미래 기후변화와 에너지를 위해서도 필요한 것이다. 정부는 세제혜택도 마련하고 있다.

엑스에너지는 이를 위해 한국도 학습하고 있다. 한국 원전은 글로벌 리더로서 인정받고 있다.

한국은 한국 내 완공한 여러 원전과 UAE 프로젝트 등으로 유명하다. 미국도 한국의 역량을 활용할 계획이다.

**SMR이 성공하기 위해 현재 넘어야 할 걸림돌이 있다면? 가장 어려운 점은 무엇인가?**

┗ 실행력(Execution)이다. 약속한 시간, 약속한 예산, 약속한 수준의 완공 문제다. 학습한 내용을 모두 다 총동원하고, 한국의 UAE프로젝트의 경험도 활용하고 있다.

전략적 파트너들과도 협력하고 있다. 두산과 DL 등이다.

특히 DL은 17개 이상의 국가에서 EPC프로젝트 경험이 있다. 뛰어난 고객과 경험이 있기 때문에 한국 파트너들과 부가가치를 창출하는 방안을 추진하고 있다.

**DL과 두산, SK 등 한국기업에 투자를 받았다. 어떤 협업을 기대하고 있는가? 중국·프랑스가 아닌 한국을 선택한 이유는 무엇인가?**

ㄴ, 두산은 능력과 합리적 가격, 트랙레코드를 가지고 있다. 주요 부품 제조 역량, 모듈생산능력, 스팀제너레이터 등 생산능력이 좋다. 시설 설비 시공능력도 뛰어나다. 파트너십을 좋게 보고 있다.

DL은 놀라운 명성을 가지고 있다. 미국 걸프 연안에서 정유 리파이너리 셰브론 필립스케미컬 등 대형 회사와 함께하고 있다. 원전플랜트에서도 인상적인 활약을 했고, 역량을 가지고 있다.

우리는 플랜트 발전소 실행능력을 중점적으로 생각했다.

또 신시장 측면도 있다. 한국 기업들은 아시아시장에 도움이 된다. 필리핀, 베트남 등 아시아권 SMR 마케팅과 협업에도 도움이 될 것으로 기대하고 있다. 한국의

시공·엔지니어링 기업과 협력하게 된 계기다.

**프랑스, 중국이 아닌 이유가 있는가?**

ㄴ, 미국과 한국은 길고 오래된 신뢰관계를 가지고 있다.

특히 지정학적인 문제가 없다. 미국과 한국은 특별하다. 같이 사업을 하기도 좋은 환경이다.

**SMR도 설계와 전문 모듈제조업으로 파운드리화 될 가능성이 있다. 한국은 원전 개발과 운영에 대한 성공적인 경험이 있다. 글로벌시장 진출 과정에서 한국도 제조기지가 될 수 있는가?**

ㄴ, 미국이 설계를 주로 하고, 상세설계를 두산과 DL이 할 수 있고, 미국도 제조 역량을 가지고 있다.

미국 정부도 이를 중요하게 생각한다. 미국과 한국의 설계·제조가 연합해서 모든 역량을 사용해 기회를 활용하는 것이 성공일 것이다.

크리스 레베스크
테라파워 CEO

66

# 빌 게이츠가 설립한
# 원자력발전사는
# 다르다

99

**테라파워를 간단히 소개하자면 어떤 기업인가?**

ㄴ, 원자력 혁신기업이다. 원자력은 지난 60여 년 전부터 있었던 기술로, 한국이 선도국가이기도 하다.

테라파워는 나트륨원자로를 만들고 있고 의료사업, 아이소토프 제약사업으로 항암치료제를 개발하고 있기도 하다. 의료용 기술은 원자력이 단순히 에너지뿐만 아니라 의료용으로도 사용되는 좋은 예라고 생각한다.

**사업 비중은?**

ㄴ, 우리의 큰 비즈니스는 나트륨원자로 프로젝트다. 제약사업은 상대적으로 작은 분야다. 하지만 아주 중요한 사업이기도 하다. 그리고 다수의 제약사가 우리의 항암제사업에 관심이 많다. 2025년 생산을 염두에 두고 있고 생명을 구할 수 있는 사업이기 때문에 열심히 하고 있다.

**SMR 설계개발 경쟁 기업은 세계적으로 50곳이 넘는다. 차별성, 기술적 우위는 무엇인가?**

ㄴ, 원자력 분야는 새로운 투자가 일어나고 있고, 기회가 많아지고 있다. 이건 긍정적인 소식이다. 이는 미래에 닥칠 기후위기, 석유 의존도를 줄이기 위한 움직임이다.

현재 풍력, 태양력을 발전시키고 있지만 이는 불완전한, 제한된 소스다. 하루에도, 시즌별로도 생산량이 달라질 수 있기 때문이다.

반면 원자력은 무공해(Zero-Emission)에 너지로도 주목받는다. 앞으로 20~30%의 에너지원은 카본프리로 가야 하는데 원자력이 기회고, 기회가 있는 시장으로 많은 회사들이 뛰어들고 있다.

그중 우리는 나트륨리액터 분야의 선도기업이다. 지금 현재 원자력은 고압력수로를 이용하고 있어 대규모 발전소를 가지고 있어야 한다. 이제는 경수로를 사용하지 않는 방향으로 신기술을 만들고 있다.

우리는 저압 액화소듐을 활용하고 있다. 저압으로 하기에 발전 규모가 작고, 건설비도 줄일 수 있고, 철강 콘크리트가 들어가는 규모도 적기 때문에 훨씬 경제적이다. 건설비용이 적다는 것이 강점이다. 저장능력도 뛰어나다. 고온에서 작용하는 냉각재이다. 현재 경수로는 300도에서 냉각하는데 우리는 500도에서 진행하고 있다. 큰 장점이다. 2030년 이후 그리드에 이상적인 발전과 저장 방향이라고 본다. 이 때문에 우리는 345메가와트에서 500메가와트로 용량도 증설할 수 있다.

## 그 비용은 얼마나 적게 드는 건가?

ㄴ, 원전 개발 관련 미국의 현황을 보면 좋은 레퍼런스가 많이 없다. 건설비용뿐 아니라 모든 비용을 봐야 한다.

우리의 SMR은 풍력, 태양광 대비 경쟁력이 좋다. 또 저장소 측면에서도 좋다.

풍력, 태양광은 생산 자체 비용은 낮지만 이를 저장하기는 어렵다. 그래서 생산과 저장을 모두 감안하면 SMR이 더 뛰어날 것으로 본다.

## SMR의 가장 큰 장점은 무엇인가? 원자력이기 때문에 안전에 대한 걱정도 있다.

ㄴ, 원자력 자체 안정성은 모든 좋은 기록을 가지고 있다.

최고의 안전성을 가진 파워소스라고 본다. 미국이나 한국 원전 모두 안전한 트랙레코드 가지고 있고, 탄소 배출도 없는 좋은 에너지다.

특히 테라파워는 첫 번째 저압시스템을 쓴다. 경제적 혜택이 크다. 부품, 파이프 등 가벼운 걸 쓰고 저압이라 안정성이 좋다. 또 소듐이라는 냉각제를 쓰는데, 경수로보다 안전하다.

예컨대 후쿠시마를 생각하면 지진 발생 시 원전은 자동 셧다운이 됐는데, 원자로 냉각에는 실패한 케이스다.

쓰나미 탓에 정전이 됐는데 냉각기에 제대로 가동이 안됐다. 비상에너지가 필요했던 것. 그런데 우리는 외부 추가 전원 없이 자체 냉각할 수 있는 시스템을 갖추고 있다. 또, 에어쿨링 기술로 자연 상태의 공기로 냉각하는 기능도 있다.

## 사업 진척은 어떤가? 어느 시점에 와 있고, 시제품의 완성과 첫 보급 시점은 언제가 될 수 있는가?

ㄴ 현재 와이오밍주에서 첫 번째 SMR 제작을 준비하고 있다. 상업용 리액터도 와이오밍주에서 2020년대에 출시할 계획으로, 2030년에는 많은 회사들이 출시할 것으로 본다.

테라파워는 정부지원투자 선정 업체로 투자금 절반을 미국 에너지부에서 받고 있다. 또, 나머지 절반 중에는 설립자인 빌 게이츠의 재단과 한국의 SK, HD현대 등이 투자하며 사업을 주도하고 있다.

우리는 한국에도 기대가 크다. 한국은 원전에 대한 안전한 트랙레코드가 있다. 또 윤석열 정부가 조 바이든 정부와 수차례 회의하며 국제공조에 원자력을 추가하는 방안을 추진하고 있다.

한미관계도 공고하다.

현재는 와이오밍에서 지리학적인 측면 등 지역스터디를 마쳤고, 이제는 설비적인 측면을 검토하고 있다. 디자인과 관련해 800명의 엔지니어를 투입해 개발에 박차를 가하고 있다.

세부적으로는 2024년 건설을 시작하고, 2030년부터는 실제 발전을 진행하는 목표를 세우고 있다. 2030년대에는 SMR 수요가 늘어날 것으로 기대하고 있다.

첫 번째 프로젝트 이후 추가적으로 파트너사와 함께 미국 서부 산악지역 유타, 와이오밍주 등에 5개의 원전을 짓는 방안을 추진하고 있다. 이 2개 주는 향후 석탄에너지를 사용하지 않을 예정이며, 풍력도 쓰지만 원자력으로 보완하고 또 저장력이 좋은 원전에 대한 기대도 있다.

이후에는 더 많은 지역, 전 세계적으로 원전을 지을 것이다. 한국은 투자도 중요하지만 국제적인 파트너로 중요하다. 한국은 SMR의 상업적인 능력을 키우고 최대화할 수 있는 파트너로 생각하고 있다.

## 러시아산 원료 문제로 개발이 지연된다는 얘기도 있다. 문제는 없는가?

ㄴ 원자력 원료 헤일로, 고순도 저농축우라늄인데, 원료로 사용하고 있다.

여전히 안전하고 좋은 원료다. 미국에는 헤일로 공급이 적다.

러시아산 원료를 사용하려 했는데 전쟁이 발발하고 러시아산 제품을 쓰지 않기로 했다.

지금은 미국이 자체 헤일로 생산을 추진하고 있고, 관련 펀딩이 진행되고 있다. 미국 정부의 계획이 잘 진행되고 있고, 우리 계획과 맞기를 바라고 있다. 2년 정도 연기가 될 수 있다고 하지만 빨리 대처하고 있기 때문에 발전 상황에 만족하고 있다.

**HD현대 SK와 같은 한국 기업에 투자를 받았다. 또 한국에는 다른 업체 뉴스케일파워, 엑스에너지 등에 투자하고 협력하고 있는 두산, DL 등 원전 관련 회사도 있다. 한국 기업과 어떤 협업을 기대하고 있는가?**

ㄴ 한국 파트너사의 투자에 감사하고, 긍정적인 보답을 돌려주길 바라고 있다. 특히 SK, HD와 협업은 상업화를 가속화하는 데 큰 도움이 될 것으로 보고 있다. 한국은 관련 리소스를 보유하고 있고, 제조 역량, 엔지니어링 역량도 풍부하다. 그래서 우리 SMR을 보다 세계적으로 공급하는 데 도움이 될 것으로 보고 있다.

앞으로 원자로에 대한 수요가 증가할 것이고, 현재 세계 공급망을 보면 굉장히 제한돼 있다. 한국 공급업체에 기대하는

바가 크다. 한국은 수십 년간 원전을 안전하게 가동한 경험이 있다.

또, 윤 정부와 바이든 정부의 국가적 차원의 지원에도 감사하고 있다.

# 최고의 공장 마더팩토리

한국에서 '마더팩토리(Mother Factory)'란 표현이 본격적으로 등장하기 시작한 것은 2010년경부터다. 한국을 대표하는 제조 대기업들이 값싼 인건비를 찾아 해외에 공장을 설립하는 추세가 정점에 달했고, 국내 제조업 공동화 현상에 대한

우려도 자연히 높아졌다.

삼성전자가 2008년 베트남 북부 박닌시(市)에 휴대폰 생산 공장을 설립하면서 본격적으로 시작됐다. 삼성은 이후 10여 년에 걸쳐 베트남 각지에 공장을 확장했고, 오늘날 베트남 전체 수출액의 20%가

LG전자가 2015년 3월에 TV·휴대폰·생활가전의 글로벌 생산 거점으로 육성하기 위해 건립한 'LG전자 베트남 하이퐁 캠퍼스' 전경.    LG전자

삼성에서 나올 정도로 생산 규모가 확대됐다.

LG전자는 2013년 베트남 북부 하이퐁에 총 40만㎡ 용지를 마련해 가전공장 설립을 추진하기 시작했다. 이어 2015년에는 베트남을 LG 최대 공장으로 키운다는 발표를 하기에 이른다. 용지 규모도 80만㎡ 규모로 확대됐으며, 2028년까지 총 15억 달러를 투입해 라인을 지금보다 대폭 확대해서 최종 완공하겠다고 밝혔다.

이 같은 해외 진출 추세에 대응해 한국 내에 주요 생산 거점인 제조 컨트롤타워 마더팩토리를 구축해야 한다는 목소리가 높아졌다.

제품 기획과 디자인, 관련 기술 연구개발 등의 고부가가치 사업 영역을 국내 공장에 남겨 양질의 일자리를 지켜낸 뒤 성공 모델을 전 세계 공장으로 확산 · 이식하자는 취지다. 이는 국내 고용 안정에도 기여할 수 있다. 국내에서 개발된 기술을 바탕으로 해외 공장을 관리하고 기술을 전파하는 일자리도 늘어나 추가 일자리를 만들어낼 수 있다.

당시 한국의 마더팩토리로 주로 언급됐던 것은 LG전자의 창원공장, 현대차의 울산공장 등이다.

LG전자는 세계 각지에 백색가전 생산공장을 설립해뒀지만, 창원공장의 프리미엄 생활가전 중심지 입지는 확고했다. 세탁기 핵심 기술인 'DD모터'와 냉장고 부품인 '리니어 컴프레서' 등이 창원에서 개발됐다. 당시 LG전자 생활가전 연구 인력 가운데 60%가 창원 냉장고 · 세탁기 · 에어컨 연구소에 속해 있었으며, 협력사 직원까지 합치면 근무 인원이 1만 명에 달했다. 멕시코, 브라질, 폴란드, 인도, 베트남, 인도네시아 등지에 생활가전 공장을 운영하고 있지만 프리미엄 제품은 대부분 한국 창원공장에서 만들고, 창원공장 성공 사례를 해외 공장에 접목하는 전략을 택했다.

현대차 울산공장 용지는 500만㎡로 당시

## 공동화 위기…

**마더팩토리** Mother Factory

- 기업 제조 역량의 핵심
- 설계·디자인·R&D·제조·유통·판매 등 기업 가치사슬의 총집합체
- 제품 부가가치 높이는 공정 진행

단일 공장으로는 세계 최대 규모를 자랑했다. 근로자 수는 3만여 명, 연간 자동차 생산량은 160만대에 달했다. 협력회사만 해도 4000여 개였으며, 25만여 명의 직간접 고용효과를 창출했다.

2020년대에 접어들어 미·중 무역갈등과 러시아·우크라이나 전쟁 등으로 지난 수십 년간의 세계화 흐름이 정반대로 뒤바뀌었고, 마더팩토리 전략이 다시 주목받기 시작했다.

미국 정부가 북미에서 전기차 제조 및 배터리 부품의 50%, 광물 40% 이상을 조달할 경우에만 전기차 보조금을 지급하겠다는 인플레이션 감축법(IRA)을 내놓은 것이 대표적 사례다. 과거에는 값싼 임금을 찾아 한국의 공장들이 해외로 유출됐다면, 이제는 강대국들의 힘의 논리에 따라 제조업 공동화 현상이 우려되는 상황이다.

2020년대에 들어서는 배터리 산업의 중요도가 높아지며 LG에너지솔루션의 오창공장이 새로운 마더팩토리로 부상했다. 2022년 말 LG에너지솔루션은 충청북도·청주시와 함께 2026년까지 오창공장에 총 4조원 규모의 배터리 생산시설 투자와 함께 1800명을 신규 채용하는 내용의 투자 협약을 체결했다고 밝혔다. LG에너지솔루션은 같은 해 6월에는 원통형 배터리 증설을 위해 오창공장에 총 7300억원을 투자한다고 밝힌 바 있다. 일론 머스크 테슬라 최고경영자(CEO)가 2020년 '배터리 데이'에서 소개한 제품인 4680배터리 생산라인을 오창공장에 구축하는 것이 LG에너지솔루션의 목표다. 테슬라와 미래 파트너십을 좌우할 4680 배터리의 초기 생산을 미국이 아닌 국내에서 하겠다는 것이다.

이는 오창공장을 연구개발(R&D)의 핵심 거점으로 삼겠다는 전략으로 풀이된다. 향후 추가되는 신규 생산라인의 경우 원격 지원, 제조 지능화, 물류 자동화 등 최신 스마트팩토리 관련 시스템을 전격 도입해 생산성을 극대화한다는 방침이다.

LG에너지솔루션은 또 오창공장에 팩토리 모니터링 컨트롤 센터(FMCC) 등 대규모 기술 투자에 나섰다. 전 세계 생산라인을 영상을 통해 직접 눈으로 보면서 현지 공정의 문제점을 즉각 파악하고 문제를 해결할 수 있도록 한 것이다.

삼성전자와 SK하이닉스 등 반도체 기업들도 2021년 국내 생산공장을 확충하기 위한 대대적 투자계획을 발표한 바 있다. 2031년까지 10년 동안 510조원 이상 국내에 투자한다는 방침이다. 당시 삼성은 시스템반도체 투자를 기존 133조원에서 171조원으로 확대하는 등 10년간 371조

원가량의 반도체 투자 로드맵을 밝혔다. 반도체 벨트는 제조 기반 단지, 소부장 특화 단지, 첨단 장비 연합기지, 패키징 플랫폼 기지, 팹리스 밸리로 구분돼 조성된다. 제조 기반 단지는 메모리와 시스템 반도체 수탁생산(파운드리) 공장이 모인 선도 단지다. 삼성전자 사업장이 위치한 경기 기흥·화성·평택, SK하이닉스 주요 사업장인 경기 이천, 충북 청주, DB하이텍 공장이 있는 충북 음성 등이다. 특히 평택과 화성, 이천과 청주의 메모리 생산공장은 최첨단 기술이 가장 먼저 적용되는 공장, 즉 '마더팩토리'로 육성된다.

국내 기업들의 이 같은 마더팩토리 전략은 탈세계화 기조가 한국 제조업의 위기이자 기회로 작용하리란 해석에 근거한 것이다. 글로벌 수출시장의 변화에 발 빠르게 적응하고 시장을 선점할 수 있다면 오히려 부흥의 원동력으로 삼을 수 있다는 계산이다.

# 허브&스포크Hub&Spoke, 엄마공장이 잘돼야 아들공장도 잘된다

허브&스포크(Hub&Spoke) 개념을 창안해낸 것은 글로벌 물류업체 페덱스(Fedex)의 창업자 프레더릭 스미스 회장이다. 어려서부터 물류에 관심이 많았던 스미스 회장은 예일대학교 재학 시절 경제학 수업에 허브&스포크 전략을 리포트로 제출했다. 기존에는 발송지점과 수취지점 간의 최단거리를 연결하는 물류 방식이 상식이었는데, 그가 제안한 허브&스포크 전략은 인구 분포 중심지역에 화물 집결지인 허브를 만들어 화물들을 모은 뒤 재분배하는 탓에 운송거리가 늘어나야만 했다. 이 리포트는 C학점을 받았다고 한다.

스미스 회장은 대학 졸업 후 부모님의 지원을 받아 페덱스를 설립하여 자신의 생각이 옳다는 것을 입증하려 했다. 그가 사업을 시작한 지역은 미국의 중심부인 멤피스다. 멤피스에 허브 물류기지를 두고 소형 택배 운송 사업에 본격적으로 뛰어든 것이다. 1973년에는 미국 25개 주요 도시로 사업을 확장했다. 사업 초창기에는 어려움이 많았지만 1975년 흑자로 전환했고 1989년에는 21개국에 대한 운항 항공권을 획득하며 세계적인 운송회사가 됐다.

이후 항공업계에서도 허브&스포크 전략을 전격 도입하게 된다. 각 국가의 거점 공항을 허브로 삼고 많은 탑승객을 허브 간 연결로 이동시킨 다음 수요가 적은 중소도시의 스포크 공항으로 다시 옮기는 방식이다.

강대국의 패권 대결로 국내 핵심사업 공장의 해외 진출이 불가피해진 현재 물류·항공업계의 허브&스포크 전략을 제조업에도 이식시키는 전략이 필요하다.

## 공동화 위기… 마더팩토리와 Hub&Spoke 전략으로 대응

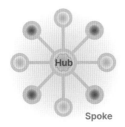

**Hub & Spoke**

- 항공업계 운송시스템을 제조업 생산거점 운용 전략에 적용
- 거점 공항(Hub)=마더팩토리
  타 공항(Spoke)=해외 공장

국내의 마더팩토리는 신기술 개발과 첨단 신제품의 테스트베드로 활용하고, 해외 공장은 현지 시장을 겨냥한 제품 생산에 주력하는 방식이다.

허브&스포크 전략을 위해서는 국내 공장에 반드시 사수해야 할 기능과 포기할 수밖에 없는 기능을 구분하는 작업이 선행돼야 한다. 예를 들어 미국이 인플레이션 감축법(IRA)을 통해 북미 내에서 생산된 전기차에만 지급하겠다는 보조금을 포기하면서까지 한국 내 생산 비중을 높일 수는 없다. 노동집약적 산업의 경우 개발도상국의 저렴한 인건비를 포기할 수 없는 것도 마찬가지다. 이처럼 국내에서 대체할 수 없는 인센티브를 찾아 해외에 스포크 공장을 설립하는 것은 불가피하다.

반면 각종 신기술과 제품을 개발하는 기능과 시제품을 생산할 수 있는 역량, 국내 시장에서 상용화할 수 있는 수준의 양산화 기능까지는 마더팩토리에 갖추고 있어야 한다. 오늘날 전 세계 트렌드를 주도하는 한국의 소비시장을 감안하면 기업 입장에서도 매력 있는 선택지다. 한국 시장에서 성공한 제품이 세계적 인기를 얻게 된 사례가 무궁무진하기 때문이다.

한발 더 나아가 일본과 유럽의 우수한 소재·부품·장비 업체의 R&D센터를 국내로 유치해 우리의 마더팩토리 역량을 더욱 강화해야 한다. 한국 대기업들의 구매력을 감안하면 충분히 가능한 전략이다. 이처럼 강화된 마더팩토리의 역량을 해외 현지 사정에 맞춰 이식하는 스포크 전략으로 공장들 간의 실시간 데이터 연결과 인력 파견 시스템을 갖춰야 한다.

# 세계 등대공장
# 국내 최초 '허브&스포크'

오늘날 허브&스포크 전략이 가장 잘 구현되고 있는 사례로 LG전자의 국내외 공장을 꼽을 수 있다. LG전자는 2022년 경남 창원공장이 세계경제포럼(WEF)의 등대공장으로 선정된 데 이어 2023년에는 미국 테네시공장이 연달아 등대공장으로 인정받았다. 등대공장은 적극적으로 첨단기술을 도입해 세계 제조업의 미래를 제시하는 공장을 뜻한다.

LG전자가 2018년 테네시에 공장을 설립하게 된 것은 도널드 트럼프 행정부의 '세이프가드(Safeguard · 수입산 세탁기 추가 관세)' 조치 때문이다. 거대한 북미 시장을 볼모로 미국 정부가 제조시설을 자국에 끌어들인 대표적 사례. 이처럼 미국이 외교 · 안보가 아닌 산업 · 경제 분야에서마저 힘의 논리를 내세우자 한국에서 제조업 공동화 현상이 벌어질 것

이란 우려가 확산됐다.

그러나 테네시공장이 가동되고 오랜 시간이 지났지만 LG전자의 한국 제조생태계는 탄탄한 모습을 유지하고 있다. 가장 큰 힘은 LG전자의 '마더팩토리(Mother Factory)'인 창원 스마트파크의 첨단 제조 역량이다. 창원 스마트파크에는 핵심 연구인력 · 시설이 집중돼 신제품 생산과 첨단제조기술 적용이 가장 먼저 이뤄진다.

무인로봇을 통한 물류 자동화, 로봇팔을 통한 고중량 · 정밀 · 반복작업, 인공지능(AI) 기술을 통한 공정분석과 예측대응 등의 기술을 국내 마더팩토리에서 활용한 뒤 해외의 대량 양산공장으로 확장 적용하는 모습은 허브&스포크 전략의 전형을 보여준다. 이후 LG전자는 전 세계 생산거점에도 단계적으로 '지능형 자율

## 창원 LG스마트파크 개요

| 대지 면적 | 25.6만㎡(축구장 약 35개 규모) |
|---|---|
| 주요 건물 | 통합생산동, R&D센터 등 |
| 주요 생산 제품 | 냉장고, 오븐, 식기세척기, 정수기 등 |
| 연혁 | 1976년 준공, 2021년 9월 자동화 전환 |
| 자동화 성과 | 불량률 30% 감소, 자재 공급시간 25% 단축, 제품 생산 대수 20% 증가 |

공장'을 도입할 계획이다.

### LG전자의 제1공장, 창원 LG스마트파크

경남 창원의 LG스마트파크는 2022년 3월 국내 가전업계에서는 처음으로 세계경제포럼(WEF) 등대공장에 선정됐다. LG전자는 46년간 쉴 틈 없이 가동되며 노후화됐던 1공장을 2021년 9월 자동화·지능화를 적용한 스마트 공장으로 탈바꿈시켰다. '공장'이라는 명칭 대신 '스마트파크'라는 이름도 새로 달렸다.

LG스마트파크에서는 첨단 센서와 통신기술이 접목된 디지털트윈을 구현하고 있다. 통합생산동 입구에서부터 대형 화면을 통해 공장을 그대로 본뜬 디지털트윈이 펼쳐진다. 빅데이터를 활용해 30초마다 공장 곳곳의 데이터를 수집하고, 이를 분석해 10분 후 공장 내 벌어질 상황을 예측하고 대비한다. 예를 들어 10분 뒤 특정 라인에서 부품이 부족해 정체가 예상되는 경우 시스템이 인지하고 담당자에게 문자로 알람을 띄우는 식이다. 작업자는 이 알람을 본 뒤 부품 부족 등의 문제 상황에 미리 대비할 수 있다.

LG스마트파크의 공장 자동화율은 65% 수준이다. 라인 내부의 사람이 하기 어려운 작업은 전부 로봇이 맡고 있다. 전체 크기가 축구장 35개 규모인 이곳에서 사람은 수동 작업 극히 일부분만을 수행한다. 사람은 단순노동에서 해방되고 대신 관리자 역할을 맡아 로봇 품질 관리 등을 담당한다. 라인 내부에는 무인 물류로봇

(AGV) 50대가 분주하게 무거운 부품을 나른다. 공장 내 136개가 넘는 로봇팔에는 카메라와 함께 로봇의 눈 역할을 하는 3D 비전 알고리즘이 적용돼 오차 없이 작업하도록 했다.

대표적인 로봇 자동화 작업은 냉장고 문을 설치하는 공정이다. 20kg이 넘는 무거운 문을 0.2mm 오차 내로 정확하게 장착시키는 작업이다. 인간이 수행하기에는 매우 어려운 작업이어서 과거에는 부상자가 발생하거나 제품 품질에 문제가 생기는 일이 잦았다. 그러나 자동화 도입 후 균등한 품질이 가능해졌다. 시간당 제품 생산 대수가 20% 가까이 증가했다. 이뿐만 아니라 냉매가 흐르는 파이프 용접, 누설 검사, 냉매 주입 등 위험도가 높은 공정 대부분에서 로봇팔이 동원됐다. 특히 파이프 용접 과정에서는 산화가스가 나와 작업자들 위험도가 높았다. 이제는 로봇이 고주파로 13초 만에 용접을 해낸다.

로봇팔 생산 라인을 따라 양옆에는 부품을 나르는 AGV가 분주히 움직인다. AGV는 각 공정에 필요한 부품을 지능형 무인 창고에서 가져오고 완성된 부품을 다음 공정으로 나르는 역할을 맡는다. 공장 지붕에 설치된 고공 컨베이어로는 최대 30kg짜리 상자가 이동한다. 이 같은 입체물류 자동화 시스템 도입 덕분에 자재 공급 시간이 기존보다 25%나 단축됐다. 예상치 못한 설비 고장 탓에 작업이 중단되는 시간도 96%나 감소했다.

창원 스마트파크는 2023년 기준 1단계 전환을 마쳤으며 2025년 최종 완공될 예정이다. 향후 냉장고 생산 라인 1개를 추가하고 오븐과 식기세척기 라인도 확대 구축할 방침이다. 특히 LG전자는 이 같은 자동화로 생산성이 오르면서 지역 일자리 창출에 기여했다. 창원 사업장에 부품을 공급하는 11개 주요 협력사의 종업원 수가 스마트파크 가동 전인 2020년 말 대비 2023년 기준 약 15% 늘었다.

## 美 시장 공략할 전진 양산기지, LG전자 테네시공장

LG전자는 생활가전 글로벌 핵심 생산기지인 미국 테네시공장에서 첨단 생산라인을 본격 가동 중이다.

미국 남동부 내슈빌공항에서 북쪽으로 1시간을 차로 달리면 '여기서 LG 하이웨이'라고 적힌 도로 안내 표지판이 등장한다. 테네시 주정부가 LG의 현지 투자에 감사함을 표시하기 위해 이례적으로 이름을 붙인 도로다. 이 도로를 타고 한

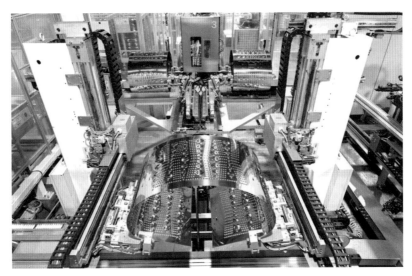

LG전자 테네시공장에 설치된 로봇이 스테인리스스틸을 둥글게 말고 용접해 세탁기 주요 부품인 세탁통을 만들고 있다.
LG전자

적한 시골길로 조금 더 들어가면 마침내 LG전자의 북미 거점인 테네시공장을 만날 수 있다.

LG전자 테네시공장은 세탁기를 연간 120만대 생산한다. 북미 지역 전체 평균의 절반가량 되는 제품을 이곳에서 만들어 낸다. 2018년 문을 연 뒤 2022년 9월부터는 건조기 라인을 추가해 연간 60만대를 생산하고 있다. 이를 위해 2023년 초까지 투자한 금액만 3억9000만달러(약 4800억원)에 달한다. 테네시 주정부도 막대한 투자금에 도로 이름까지 내주며 감사를 표시했다. 공장 면적은 9만4000 $m^2$에 달한다.

하지만 이는 LG전자가 계획하고 있는 전체 공장 규모의 일부에 불과하다. 테네시공장의 전체 대지면적은 125만$m^2$에 육박한다. 축구장 150개를 합친 수준이다. LG전자는 2023년 상반기 중 워시타워 생산라인을 추가하고 이후 수요에 맞춰 냉장고부터 오븐까지 제품 라인업을 확대할 계획을 세워뒀다.

공장 내부의 생산라인 1층에서는 기계가 세탁기 구동부에 들어가는 부품을 직접 제조하고 사출한다. 테네시공장은 대부분 부품을 금형부터 직접 제조하고 사

부품을 운반하고 있는 무인운반차(AGV).

출한 뒤 제품에 장착한다. 코로나19 탓에 물류길이 막히거나 현지 규제로 역외 생산 제품에 불이익을 주는 문제가 생겼을 때도 이 같은 공장 운용 방식 덕분에 공급망 대란이 벌어지지 않았다.

공장의 지능화 수준도 상당하다. 생산된 부품은 곧장 무인 자동 배달 로봇인 'AGV(Automated Guided Vehicle)'에 실린다. AGV 166대는 공장 바닥에 일정한 간격으로 부착된 3만개 QR코드를 따라 부품을 싣고 나른다. 사람이 부품을 직접 나를 경우 하루에 6000번 이상 이동해야 했지만, 테네시공장에서는 사람의 모습을 찾기 힘들다. AGV는 구동부 부품을 싣고 2층으로 이동해 세탁통(구동부) 조립 라인까지 이송한다. 이곳에서 컨베이어벨트를 따라 배치된 로봇팔이 구동부를 완성한다. 근로자는 중간중간마다 선

연결(하니스) 작업 등의 일부 공정만 수행한다. LG전자는 2023년 말까지 테네시공장의 자동화율을 70% 가까이 높일 방침이다.

2층에서 완성된 구동부는 다시 1층 라인과 연결된 엘리베이터에 실려 내려간다. 구동부를 제외한 나머지 완제품 공정은 1층에서 이뤄진다. 완제품 공정은 세탁기 외형인 철판을 사출하는 작업부터 라인이 시작된다. 금형에 온도·압력 센서를 부착해 데이터를 실시간으로 수집·분석하고 최적의 사출 조건을 유지하게 관리한다. 외형이 완성된 후에는 '풀 프루프(Fool Proof) 시스템'이 오차를 검사한다. 시스템 명칭은 바보(Fool) 작업자라도 불량을 판정(Proof)할 수 있게 한다는 의미다. 이를 통해 생산성은 기존 대비 약 20% 향상됐고, 불량률은 60% 정도 개선됐다.

컨베이어벨트를 따라가 보면 외형 조립이 완료되는 단계에 이른다. 앞서 엘리베이터로 배달된 무게 10$kg$ 이상의 구동부를 로봇팔이 하나씩 꺼내 0.2$mm$ 이내 오차로 세탁기 내부의 정확한 위치로 안착시킨다. 이 같은 과정을 거쳐 세탁기가 11초에 1대꼴로 완성돼 45m 길이의 제조라인 끝으로 쏟아져 나온다.

**나카지마 노리오**
무라타제작소 CEO

"

핵심 연구·생산역량
자국 집중으로
블록화 대응

"

무라타제작소는 1944년 일본 교토에서 공
업용 도자기를 소규모 생산하는 사업으로
출발해 2021년 회계연도 연 매출이 1조
8125억엔에 달하는 세계적인 콘덴서 기업
으로 성장했다.

특히 무라타가 주력하고 있는 MLCC
는 회로에 전류가 안정적으로 흐르도
록 하는 작은 부품으로, TV·스마트
폰·자동차 등 대부분의 전자제품에
필수적인 기술이다. 무라타는 전 세
계 MLCC 시장에서 40%가 넘는 점
유율을 가지고 있으며, 애플·삼성·
화웨이 등 메이저 스마트폰 업체들이
주요 고객이다. 세계적 부품 기업의
성장 비결에 대해 나카지마 노리오
CEO의 이야기를 들어봤다.

**교토에 기반을 둔 기업들은 장인 정신
으로 유명하다고 알고 있다.**

└, 일본의 교토 기업은 본래 창업자
가 유니크한 사람이 많아 본인만의
고다와리 기술(회사가 고집하는 기
술)을 갖고 있는 회사가 많다. 무라타
제작소 창업 당시 고다와리 기술은
무기재료인 세라믹이었다. 세라믹은
전기를 모으거나 기계적인 에너지로
바꾸는 성능을 갖고 있다. 이러한 연
구를 창업 이후 중장기적으로 계속해
나가면서 MLCC와 같은 여러 가지
방향으로 사업을 전개할 수 있었다.
고다와리 기술을 살리기 위해 자신들
만의 재료를 만들고 자신들이 생산

설비를 만들고 물건을 만들어야 했다. 무라타는 재료부터 생산 설비, 제작까지 스스로 해내는 '수직통합 비즈니스' 모델을 가지고 있다. 유럽 및 미국 등의 나라에서는 수평분업으로 우리와는 정반대인 제품 전개 방식을 가지고 있다. 어느 쪽이 이길지는 앞으로 주의해서 지켜봐야 할 것 같다.

수직통합 비즈니스의 장점은 정보의 기밀성이 높은 부분에 대해서 보호하기 쉬운 점, 지속적인 기술 개선을 진행하기 쉬운 점, 그리고 개발하고 바로 양산해야 하는 케이스가 많기 때문에 이 과정을 최대한 효율적으로 할 수 있다는 점을 들 수 있다. 하지만 모든 것을 회사 자체적으로 투자해야 하기 때문에 굉장히 고정비가 크고 투자액이 커진다는 단점이 있다. 최근 디지털화가 진행되면서 제품 생애 주기가 점점 짧아지고 있다. 그런 시장에 맞추기 위해서는 연구개발 후 생산하기까지의 과정에서 손실을 최소화하는 것이 가장 중요하다고 생각한다.

## 무라타제작소의 사업 부문은 어떻게 나눠져 있나?

└, 비즈니스 모델별로 3층 포트폴리오로 나눠져 있다. 컴포넌트 사업은 우리의 핵심 사업 부문으로 무라타가 주체가 되지만, 디바이스 및 모듈 사업은 고객과 이야기해가며 어떤 방향으로 갈 것인지 정하는 비즈니스 모델이다. 앞으로 도전하려는 세 번째 비즈니스 모델은 더 나아가 사용법까지 우리가 제공하는 모델이다. 컴포넌트 사업에서 가장 필요한 것은 최첨단 기술력과 수요 확대에 따른 생산 능력이라고 생각한다. 한편 모듈디바이스 사업은 자율주행이나 전기차, 5세대(5G) 이동통신 및 6G와 같은 기술 트렌드에 제대로 대응해야 하는 사업이라고 생각한다.

## 2000년대 초반 정보기술(IT) 버블 붕괴로 인한 성장 둔화를 어떻게 극복했나?

└, 실제 2000~2001년에 걸쳐 IT 버블이 터지면서 공장의 가동률이 굉장히 저조해졌다. 하지만 전자 산업은 전체적으로 보면 상승 경향을 보이고 있었고 중장기적으로는 계속 성장할 것이라 보여 계속해서 투자했다. 버블 붕괴 후 다시 수요가 오를 것에 대비했던 것이 좋은 결과를 낳은 것 같다. 수요가 줄어든다고 해서 바로 가동률을 떨어뜨리거나 연구개발 투자를 줄이거나 하면 그다음 수요가 회복됐을 때 곧바로 캐치업할 수 없다. 반

드시 수요는 경기 사이클에 의해 회복될 것이라 예상하고 준비했다.

**최근 제조업을 둘러싼 미·중갈등이 거세지고 기업들의 생산기지를 자국으로 돌리는 추세인데, 무라타는 어떤 전략을 가지고 있나?**

ㄴ, 수직통합 비즈니스 모델을 진행하는 목적 중 하나가 연구개발 거점과 생산 거점을 가깝게 만들어 진행상 일어나는 손실을 줄이는 것이다. 이러한 목적을 바탕으로 현재 제품의 65% 생산을 일본 국내에서 하고 있다. 이 비율을 크게 깰 계획은 없다.

제가 3년 전 CEO로 취임할 때 미·중갈등 대책에 대해 신중하게 최악의 시나리오까지 써가며 고민해봤다. 우리는 고객의 경제권이 완전히 양극화되는 상황을 상정해 공급망이 끊어지는 일이 없도록 대비하고 있다. 중국을 중심으로 한 경제권 내의 공급망과 그 밖의 국가를 중심으로 한 공급망으로 복수화시켜 진행하기로 했다. MLCC의 경우 중국에 공장을 만들어 증산 대책을 마련함과 동시에 태국이나 일본에도 공장을 지어 증산 투자를 하고 있는 상황이다.

**과감한 사업 재편을 하는 것으로 알려졌는데, 무라타의 M&A 전략은 무엇인가?**

ㄴ, 무라타의 M&A는 기본적으로 현재 진행하는 사업의 시너지를 요구하는 것이 아니라 우리가 갖고 있지 않은 기술이나 비즈니스 모델을 획득하기 위한 것이 많다. 앞으로 사업 확대를 위해 새로운 기술이나 비즈니스 모델이 필요하다면 계속적으로 검토해 나갈 생각이다. 우리가 갖고 있지 않는 기술에 대해선 이해도도 낮고 개발에 시간이 걸린다. 시간을 들여서라도 만들어가야 함과 동시에 중장기적으로 기업 가치 향상으로 이어가야 한다는 인식을 갖고 있기 때문에 단기적인 성과가 없어도 조급함은 없다. 예를 들어 통신업계를 보면 5G가 스마트폰에서 사용되고 있는데, 앞으로 자율주행이나 의료 네트워크에 사용될 때 우리에겐 부족한 기술이 있을 것이라 생각한다. 그 이후 6G 기술이 실현될 때 무라타의 기술만으로는 부족하기 때문에 이를 M&A로 획득해 보강하자는 중장기 안목으로 진행해 나갈 생각이다.

# 스마트공장 위에 AI공장

정부는 스마트공장 보급 사업을 다년간 추진해왔다. 이를 통해 일정 수준의 양적 보급을 이뤘고 중소기업의 인식개선도 이뤄졌다. 그러나 필요한 데이터를 수집하거나, 축적한 제조데이터를 분석·활용하는 부분은 부족하다는 평가가 일반적이다.

스마트공장의 성숙도는 통상 4단계(기초·중간1·중간2·고도화)로 나뉜다. 기초 단계는 사람이 작성한 자료를 컴퓨

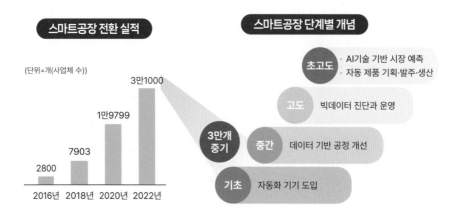

**기초 단계에서 멈춘 스마트공장 전환 정책**

**스마트공장 전환 실적**

(단위=개(사업체 수))

- 2016년: 2800
- 2018년: 7903
- 2020년: 1만9799
- 2022년: 3만1000

**스마트공장 단계별 개념**

- 3만개 중기
- 초고도: AI기술 기반 시장 예측 / 자동 제품 기획·발주·생산
- 고도: 빅데이터 진단과 운영
- 중간: 데이터 기반 공정 개선
- 기초: 자동화 기기 도입

|  | 데이터 집계 | 데이터 관리 | 데이터 분석 | 공장 운영 |
|---|---|---|---|---|
| AI 공장 | 실시간 자동 IoT | 5G 활용한<br>실시간 빅데이터 | AI<br>양자컴퓨터 | 공장 外 데이터 연동<br>실시간 빅데이터 집계, 대응<br>첨단컴퓨팅 자동 분석 |
| 스마트 공장 | 제조데이터 수작업 →<br>전산화, 제한적 IoT,<br>실적관리 전산화 | 수작업 데이터 관리<br>부분적 공정 개선 | 공장인력 | 전산화 및 부분적 자동화<br>사후 대응 중심 |

터로 대체해 수작업 제품 생산을 부분적으로 자동화하는 것이다. 공장과 사무 자동화를 위해 구현 로봇 및 솔루션을 생산 현장에 공급한다. 결과적으로는 단순근로자를 지식근로자로 전환시키는 사업이다.

중간 1단계는 자동화 설비에서 측정된 모든 데이터를 실시간으로 수집해 클라우드 컴퓨팅의 큰 데이터베이스에 저장하고 각 생산 현장의 모든 상황을 실시간으로 관찰해 확인하고 조치를 취하는 것을 뜻한다.

노동 집약적인 공정을 기술 집약적인 자동화 공정으로 전환하고 ERP 시스템을 도입해 재무 및 회계정보를 투명하게 관리하는 단계다.

중간 2단계는 빅데이터, AR · VR 등 최신 솔루션을 도입해 공장에서 수집하고 저장한 데이터를 활용하는 단계다. AI 등을 활용한 분석 솔루션이 인간을 대체해 24시간 모니터링과 분석, 행동을 수행하며 인간은 AI의 판단 결과를 검토해 최종적으로 결정을 내리고 신속하게 조치를 취한다.

2021년까지 스마트공장 구축사업에 참여한 기업들의 실적을 보면 대부분이 기본레벨에 그치고 있으며, 23%가 중급인 1급과 2급이다.

이처럼 공장 디지털화 기술의 수준이 낮은 것은 물론 대부분의 수집데이터가 공정 · 장비 가동률 등 실적데이터 위주로 수집되는 탓에 이를 기반으로 공정을 개선하는 효과를 기대하기 힘들다는 문제점도 있다. 비(非)핵심 주변 데이터들만 쌓이는 공장이 많았다는 의미다. 또한 설비별로 데이터를 집계하는 방식이 달라 이들을 한데 모아 활용하기 어려운 문제점도 있었다.

스마트공장 구축사업에 참여한 기업이

스스로 데이터 현황을 파악하고 이를 바탕으로 전략을 수립하고 이행할 수 있게 하는 전문인력을 갖추지 못했다는 점도 한계점이다. 외부 기관에 의존해 공정을 개선할 경우 회사 사정을 자세히 이해하는 자체 인력에 비해 기대효과가 낮을 수밖에 없다.

이 같은 문제점들로 인해 첨단 제조기술 도입의 효과에 불확실성이 증가하고, 기업들은 투자를 점점 소극적으로 하며, 임직원의 부정적 인식이 야기되는 악순환이 벌어졌다. AI와 자동화 기술을 도입할 경우 일자리가 대체될 것이란 우려도 컸다.

또한 한국 제조업의 디지털화 고도화 속도도 미국, 중국, 독일, 일본 등 경쟁국 대비 크게 뒤처진 것으로 나타났다. 정부는 2015년 이후 중소 제조기업들의 공장을 디지털화하는 스마트공장 사업을 진행해 왔으나 수기로 작성하던 공정 정보를 전산화한 수준에 머무르고 있는 상황이다.

반면 여타 제조강국들은 스마트공장에 AI를 결합해 빅데이터 활용도를 극대화하고 있어, 한국 제조공장도 단순 데이터 집계 수준을 넘어 AI를 접목하는 초고도화 단계로 나아가야 한다는 지적이 제기

지멘스 직원이 라이브트윈 솔루션으로 철강 제품을 검사하고 있다.　지멘스

됐다.

산업데이터 조사기관 마케츠앤드마케츠에 따르면 한국의 스마트제조 시장 규모는 2024년 166억6000만달러로 집계됐다. 이는 미국 413억달러, 중국 469억7000만달러, 일본 263억4000만달러 대비 뒤처진 숫자다.

데이터를 집계하고 이를 기반으로 공정을 효율화하는 게 스마트공장의 목적인데 아직 이 같은 수준에 도달하지 못하고 있는 것이다. 반면 독일, 일본 등 경쟁국들은 빅데이터를 활용해 예측정비, 자동발주, 상품기획 등을 할 수 있는 초고도화 스마트공장으로 나아가고 있다. 일례로 독일 지멘스 스마트공장은 AI솔루션 도입으로 종전보다 생산량이 9배 늘었으며 불량률은 0.0009%로 낮췄다. 또 에너

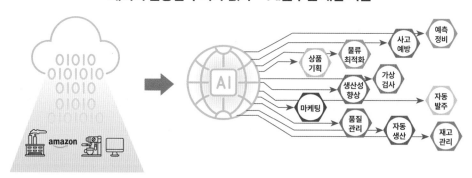

데이터 활용할 두뇌가 없다… AI솔루션 개발 시급

지 소비량과 제품 출하 소요시간은 각각 30%, 50% 줄였다.

이를 위해선 공장의 두뇌 격인 AI솔루션을 개발해야 한다. AI산업이 양자컴퓨터와 챗GPT 등으로 격변의 시기를 맞는 상황에서 AI솔루션 개발을 통해 경쟁국과의 격차를 단숨에 극복할 수 있다.

인간의 두뇌로 처리하기 힘든 방대한 용량의 데이터가 수집되는 게 오늘날 제조업의 특징인데, 이를 AI의 머신러닝과 슈퍼컴퓨터보다 1억배 빠른 연산속도를 지닌 양자컴퓨터를 통해 분석하고 공정을 최적화하는 기술을 만들 수 있다.

양자컴퓨터는 슈퍼컴퓨터보다 1억배 빠른 연산속도를 지닌 만큼 향후 양자컴퓨터를 활용한 AI솔루션 시장을 개척할 경우 한국 제조업의 경쟁력은 대폭 강화될 수 있다.

아울러 AI솔루션을 장착한 AI팩토리 간 데이터를 연결하는 방식으로 제조기업들의 당면 과제인 탈탄소·친환경 전환 방안도 필요하다. 제조 밸류체인 내에서 탄소 배출량 관리가 가능하게 돼 각종 탄소 규제에 대응할 수 있기 때문이다. 유럽연합(EU)에서는 2026년부터 모든 제조과정에서의 탄소 배출량을 집계하는 디지털 제품여권(DPP) 제도를 시행할 예정이다. 디지털 제품여권을 바탕으로 탄소 배출량 규제가 도입되면 협력업체들과 데이터가 제대로 연계되지 못해 탄소 배출량 집계가 어려운 기업들은 시장에서 설 자리를 잃게 될 전망이다.

# 스마트공장, AI공장으로 진화해야

미래 첨단제조업이 지향해야 할 인공지능(AI) 팩토리는 스마트공장의 성숙도를 고도화하는 동시에, 하나의 공장을 넘어 밸류체인 전반과 다른 산업으로까지 데이터가 연결돼야 한다. 기업별로 AI 기반 스마트공장을 구축하고 서로 필요한 정보를 공유해 새로운 가치를 창출하는 자율 생산공장을 구축하는 것이다.

### "모든 기업이 AI 기업 될 것"

"역사는 지금을 디지털 전환의 출발점으로 기록할 것이다. 비즈니스뿐 아니라 우

## AI공장 밸류체인 전체로 확장

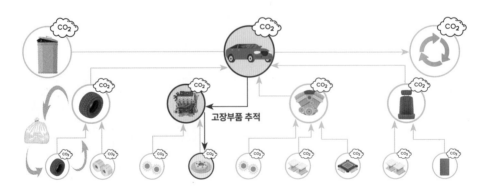

고장부품 추적

리 사회 전반이 디지털 기반으로 변할 것이다. 20년 전에는 많은 이가 '모든 기업은 인터넷 기업이 될 것'이라고 얘기했다. 나는 모든 기업이 AI 기업이 될 것이라고 예언한다. 그럴 능력이 있어서가 아니라 그렇게 변하지 않으면 안 될 것이기 때문이다."

아르빈드 크리슈나 IBM 최고경영자(CEO)는 2020년 취임 후 첫 기조연설에서 AI기술이 분야를 가리지 않고 활용되는 사회가 도래할 것이라 전망했다.

그는 "코로나19가 가르쳐준 것이 있다면 시장과 고객의 변화에 빠르고 유연하면서도 통찰력을 갖고 혁신적으로 대응할 수 있는 솔루션이 우리에게 무엇보다 필요하다는 점"이라며 "기업들에 하이브리드 클라우드와 인공지능이라는 두 가지 도구가 반드시 필요하다"고 강조했다.

**아르빈드 크리슈나 CEO의 주요 발언**

"역사는 지금을 비즈니스와 사회 전반이 '디지털 기반'으로 전환되는 모멘텀으로 기록할 것이다."

"코로나19의 교훈은 빠르고 유연하면서 통찰력을 갖고 혁신할 수 있는 솔루션이 무엇보다 필요한 시점이라는 것이다."

"20년 전엔 많은 사람들이 모든 기업은 인터넷 기업이 될 것이라고 얘기했다. 나는 오늘 모든 기업들이 인공지능 기업이 될 것이라고 예언한다. 기업들이 그런 능력이 있어서가 아니라 그러지 않으면 안 될 것이기 때문이다."

# 코앞에 닥친 제조업 탈탄소 전환 위기… AI로 돌파한다

이처럼 밸류체인·산업 간 데이터 공유가 이뤄진다면 어떤 효과를 기대할 수 있을까. 가장 가시적인 활용 사례는 오늘날 제조업의 최대 화두 중 하나인 탈탄소 과제에 대응하는 것이다.

앞으로는 제조상품을 사용하는 단계에서 배출되는 탄소량만 통제하는 것을 넘어 제조되는 과정 전체, 나아가 제품이 폐기되고 재활용되는 과정에서 발생하는 탄소량을 모두 관리하는 강도 높은

## 유럽연합 배터리여권 제도 개요

**형태**
• 배터리에 QR코드 등 양식으로 부착돼 관련 정보 제공

**정보**
• 제품 기능과 함께 제조 전 과정의 환경영향정보 포괄

**제도화**
• 2026년 의무화 예정, 이를 바탕으로 탄소규제 계획

**확장**
• 배터리를 시작으로 각종 제조업 생산 품목까지 적용

탈탄소 규제가 예고되고 있다. 유럽연합 (EU)은 디지털 제품 여권(Digital Product Passport)을 통해 이 같은 규제를 도입할 준비에 나서고 있다.

디지털 제품 여권은 제품에 QR코드 등의 방식으로 부착되는데, 제품의 기능정보와 함께 제조 전 과정에서의 환경영향 정보를 모두 담아야 한다. 제조 과정에서의 탄소 배출량 총합 수치도 포함해야 하며, 이를 통해 규제에 나선다는 것이 유럽연합의 구상이다. 2026년 배터리 여권을 시작으로 모든 제조 상품에 제도가 확대 적용될 예정이다.

이 같은 규제가 도입될 경우 개별 기업 차원에서는 대응이 사실상 불가능하다. 예를 들어 삼성전자가 스마트폰을 생산하며 납품업체들과 이를 폐기하고 재활용하는 업체들이 얼마나 많은 탄소를 배출하는지 일일이 확인하며 사업을 벌일 수 없기 때문이다.

개별 기업이 대응하는 대신 AI팩토리 연결망을 구축해 탄소 배출량을 손쉽게 집계할 수 있다. 기업들이 한데 모여 탄소 배출량을 측정하는 표준을 설립하고, 이를 자동으로 측정하고 전송하는 설비를 각 공장이 갖춰 실시간으로 배출량을 관리하는 것이다. 단순히 배출량을 집계해

보고하는 것을 넘어 AI 분석을 통해 어느 분야에서 탄소가 필요 이상으로 배출되고 있는지를 짚어내 감축할 수 있을 것으로 기대된다.

올리버 간저
카테나-X 의장

66

# 경쟁사 손잡은 독일 車업계…
# 폭스바겐, BMW, 벤츠 참여한
# 카테나-X

99

2010년대 초반 공장의 디지털화 개념을 창
안했던 독일에서는 오늘날 하나의 공장을
넘어 공급망·산업계 전체에서 제조데이터
를 공유하는 프로젝트가 진행 중이다.

기존의 스마트공장이 공정 전반의 데
이터를 수집해 설비 고장을 예방하
고 제품 불량률을 낮추는 것이었다
면, 미래에는 이 같은 제조데이터 수
집 범위를 확장해 생산성을 더욱 높
일 수 있다는 구상이다.

특히 독일이 세계를 선도하고 있는
자동차 산업에서는 정부 지원하에
BMW · 폭스바겐 · 지멘스 · 보쉬 등
주요 완성차 업체와 협력업체가 모
두 참여해 데이터 동맹 협의체 '카테
나-X(Catena-X)'를 운영하고 있다.

카테나-X는 자국의 세계적 자동차 ·
제조설비 기업들은 물론 수많은 중소
기업들까지 끌어들인 데이터 공유 플
랫폼을 조성해 생산성을 높이고 탈탄
소 과제에도 대응한다는 목표를 갖고
있다.

BMW의 데이터 공급망 사업총괄이
자 카테나-X 의장을 맡고 있는 올리
버 간저는 매일경제신문과 만나 "시
장에서 경쟁하고 견제하는 기업들이
과연 서로를 신뢰하고 데이터를 공유
할 수 있을지 회의적인 시각도 많다"
며 "실제로 기업들의 참여를 유도하
는 일이 기술적 부분만큼이나 어려운
과제"라고 했다. 간저 의장은 "결국은

# 차업계 AI공장 데이터 엮어낸 독일

하나씩 설득하는 수밖에 없는데, 그 과정에서 기업 간 데이터 공유가 얼마나 큰 성과를 내는지 실증 사례를 보여주는 게 가장 효과적인 방법"이라며 "2023년 4개 분야의 실증사례를 우선 선보여 참여를 이끌어나갈 계획"이라고 전했다.

독일은 자동차 산업을 시작으로 향후 제조업 전반에 데이터 동맹과 탈탄소 과제를 확장하려는 계획을 세우고 있다. 미국·중국 등 제조업 경쟁국에서 자국 중심주의 성향이 강해지자 독일과 유럽도 자신들의 강점을 키워 대응한다는 전략이다. 과거에는 세계화 시장에서 개별 기업단위 경쟁이 벌어졌던 반면, 오늘날에는 탈세계화 추세 속에 기업·정부·학계·국민이 모두 힘을 합친 국가 단위 경쟁이 벌어지는 대표적 사례다.

독일의 경제 중심지 뮌헨 남부의 지멘스 본사 캠퍼스 입구에 위치한 입주 협력사 안내표지판. 과거에는 수십만 m² 면적의 광활한 캠퍼스 안에 지멘스의 대규모 자체 생산공장이 있었지만, 오늘날에는 수많은 협력사들의 사무실이 들어서고 첨단 생산설비를 실험해보는 소규모 생산시설들이 자리를 대신하고 있다. 첨단 제조설비 시장을 선도하고 있는 지멘스 본사부터 기업 간 데이터 연계와 이를 접목한 첨단공장으로 변신한 모습이 미래 제조업의 양상을 단적으로 드러낸다.

독일 제조업 디지털화 정책의 실무 조직 중 하나인 랩스 네트워크 인더스트리(LNI) 4.0의 최고기술책임자(CTO)인 도미니크 로무스(지멘스 선임 엔지니어)는

"독일의 특징상 제조업 경쟁력을 키우려 면 100만에 달하는 제조 중소기업도 함 께 첨단화하는 게 필수적"이라며 "이 같 은 과제는 하나의 기업이나 협회가 추진 할 수 있는 일이 아니고, 정부와 각종 대 기업이 모두 함께해야 한다"고 강조했다. 간저 의장도 중소기업들을 데이터 동맹 에 끌어들이는 데 많은 노력을 기울이고 있다고 전했다.

카테나-X의 4개 실증 사례 가운데, 각종 폐기물 데이터를 취합해 이를 재활용할 수 있는 '순환경제(Circular Economy)' 실 증 사례가 주목되는 이유도 중소기업 참 여 때문이다. 간저 의장은 "중소기업들은 자본도 별로 없고, 대기업들에 데이터를 뺏길 걱정도 커서 데이터 공유 플랫폼에 참여를 꺼리는 경우가 많다"며 "이들을 끌어들일 확실한 유인을 제공해야 하는데, 순환경제를 위한 데이터 공유가 활성화되면 주로 중소·납품 업체들이 혜택을 볼 수 있어 기대가 크다"고 말했다.

간저 의장은 카테나-X의 가장 시급한 과제로는 데이터 공유를 통한 탈탄소 과제 대응을 꼽았다. 그는 "2026년 배터리 여권 제도가 시행되면 완성품 업체들은 물론 모든 납품업체, 나아가 배터리를 폐기·재활용하는 업체들까지 탄소배출 데이터를 집계하고 보고해야 한다. 개별 기업 단위에서는 불가능한 과제인 탓에 독일 자동차 업계는 관련 데이터의 표준을 설정하고 이를 손쉽게 처리할 수 있는 플랫폼을 공동 개발하고 있다"고 했다.

간저 의장은 "독일의 대형 1차 납품업체인 셰플러의 경우 납품 고객사가 5000여 개에 달하는 탓에 고객사들이 탄소배출 데이터를 제각각의 방식으로 요구하면 사업을 영위할 수가 없다"며 "BMW에서도 처음에는 BMW의 공급망 내에서만 탄소배출량을 집계해보려 했지만, 이 같은 이유로 불가능하다는 것을 깨닫고 폭스바겐 등 경쟁 업체들과 공동 대응에 나섰다"고 설명했다.

유럽연합(EU)은 배터리 여권 제도를 시작으로 향후 모든 제조업 상품의 탄소배출 이력을 추적해 기준치를 초과할 경우 유럽시장에서 퇴출하겠다는 계획을 갖고 있다. 탄소배출 규제가 실현되면 유럽 시장에서는 친환경·디지털 제조기술이 발달한 현지 업체가 우위에 설 수밖에 없다. 그래서 유럽판 보호무역주의란 분석도 나온다. 내수시장이 협소한 한국은 결국 주요 수출시장의 규제에 민감히 대응하는 전략을 취하는 게 우선이다. 정부 단위에서는 규제를 최소화하기 위해 상대국 정부와 협의하고, 기업은 규제 도입 이후의 환경을 한발 앞서 대응하는 종합적 접근법이 필요하다.

이와 함께 공급망 내 원·하청기업들이 생산 가능 물량과 수요 물량 데이터를 공유해 주문과 물류 최적화를 이뤄내는 기능도 시연될 예정이다. 간저 의장은 "현재는 기업들이 직접 주문을 주고받는 협력업체의 생산 가능 물량과 수요 물량을 예측하는 수준이다. 예를 들어 완성차 업체들은 2차 벤더들의 상황을 제대로 알지 못한다"며 "데이터 공유 플랫폼을 통해 관련 업체 전반의 물류지도가 그려지면 하나의 부품 탓에 전체 상품이 발목 잡히는 현상을 예방할 수 있다"고 전했다.

**에른스트 스퇴클 푸칼**
독일연방 경제기후보호부(BMWK) 국장

66

# 기업 간 데이터 연결⋯
# 정부 역할은

99

"데이터 공유를 통해 산업 전반을 혁신하지 않는다면 독일 자동차 산업이 경쟁력을 잃게 될 것이란 우려에서부터 프로젝트가 시작됐다."

에른스트 스퇴클 푸칼 독일연방 경제기후보호부(BMWK) 국장은 매일경제신문과 만나 자국의 자동차 제조데이터 공유 협의체 카테나-X(Catena-X)가 출범한 계기를 이같이 설명했다. 카테나-X 프로젝트의 전면에 나서서 활동하는 것은 BMW · SAP와 같은 글로벌 대기업들이지만, 독일 정부도 자국 자동차 업계의 미래 경쟁력이 좌우될 것이란 판단하에 적극적 지원을 펼치고 있다. 푸칼 국장도 독일 카테나-X(Catena-X)에서 자문위원으로 활동 중이다.

특히 많은 기업의 참여를 유도해야 하는 프로젝트 성격상 정부 역할이 막중하다. 푸칼 국장은 "아직 프로젝트 초반 단계인 만큼 모든 기업들이 만족해할 만한 가시적 성과를 제시하기는 어려운 상황"이라며 "정부가 나서서 참여 기업들에 대한 인센티브도 제시하고, 성과가 나올 때까지 프로젝트가 지속된다는 확신을 주는 게 필요하다"고 설명했다.

독일 정부가 카테나-X의 초창기 회원사 등에 연구개발비 명목으로 지원한 액수는 현재까지 1억1000만유로

(약 1548억원)에 달한다.

중소기업들이 안심하고 데이터 공유에 나서도록 하는 데도 정부 지원이 중요하다. 정부가 참여하지 않고 글로벌 대기업들이 납품업체들에 데이터를 요구한다면 중소기업들은 데이터가 남용될 것을 우려해 참여를 꺼릴 수밖에 없는 탓이다. 푸칼 국장은 "최근 참여한 회의에서도 중소기업 측에서 '참여를 강제하는 것이냐?'며 경계하는 시선을 먼저 보냈다"며 "그들에게 데이터 주권(Sovereignty)이 있다는 점을 강조하며 설득에 나서고 있다"고 했다.

푸칼 국장은 한국에서도 데이터 공유 협의체가 출범할 수 있다고 평가했다. 그는 "한국이 현재 처한 상황에서 어떤 방식의 데이터 동맹이 필요할지 찾아보면 좋을 것 같다. 그런 뒤에 협의체를 조성하고 카테나-X와 같은 네트워크를 한국 스스로 만들 수 있을 것"이라고 말했다. 독일의 제조업 디지털화 정책을 위한 실무협의체 Plattform Industrie 4.0을 이끌고 있는 헤닝 반텐 사무국장은 "한국이 강점을 지닌 가전제품 등의 분야에서 데이터 동맹이 결성되면 독일과 유럽의 협력업체들도 기뻐하며 참여할 것으로 보인다"고 했다.

푸칼 국장은 자동차 업계가 디지털화 측면에서 겪고 있는 문제에 대해 "데이터 기반 비즈니스 모델과 회사 간 비즈니스 모델의 상황이 다르다"며 "같은 공급망 내에서의 데이터 교환이 이뤄지고 있다 해도 여전히 많은 부분이 수동으로 이뤄지며 이는 많은 인력을 필요로 한다"고 말했다. 그는 "대형 제조업체들조차도 글로벌 공급망에서 결함을 찾고 해결하는 일을 자동화하지 못해 전화로 확인하기 위해 수많은 직원을 고용하고 있다"고 했다.

푸칼 국장은 이어서 "데이터 교환이 자동화되지 못하는 이유는 각 파트너들이 기술과 법적 프레임워크 조건을 일치시켜야 하기 때문이다. 이로 인해 데이터 기반 협력을 위한 거래비용이 증가한다"고 설명했다.

푸칼 국장은 데이터 주권 문제도 데이터의 교환을 어렵게 한다고 말했다. 그는 "제조업체들은 자신의 데이터에 대한 주권을 상실할 수 있다는 두려움이 있다. 이런 상태에서는 데이터 연결의 잠재력을 발현시키기 어렵다"며 "크든 작든 많은 기업들이 자신이 어떤 데이터를 보유하고 있고 다른 업체의 데이터를 어떻게 사용할 수 있는지 알아가는 과정이 필요하다"고 했다.

# 공장끼리도 동맹을 맺는다···
# AI공장 생산성 혁신

AI팩토리 연결망이 구축돼 기업 간 데이터가 교류되면 생산성도 크게 향상된다. 두 회사 간 데이터 교환을 통해 생산성을 향상시킨 사례가 국내에 마침 존재하는데 포스코와 고객사인 동국산업이 주인공이다.

동국산업은 포항과 시흥에 공장을 두고 있는 업체로 포스코로부터 열연재를 공급받아 이를 고급 냉연재로 만든 뒤 자동차 부품사에 납품하는 것이 주요 사업모델이다.

동국산업은 포스코에서 들여온 열연재에 '산세 공정'을 거쳐 상품을 만든다. 산세 공정은 산(Acid)을 통해서 소재 표면의 스케일(Scale · 이물질)을 제거하는 것을 뜻한다. 동국산업은 기존에는 고객들마다 제각각인 요구사항에 맞출 수가 없는 탓에 모든 소재에 강제로 산세 처리를

하고 있었다. 이로 인해 불필요하게 소요되는 인력 · 재원이 상당해 생산성이 떨어질 수밖에 없었다.

포스코에서는 이 같은 문제를 해결하기 위해 동국산업에 열연재를 공급할 때마다 제품에 스케일이 어느 부분에 어느 수준으로 있는지를 예측한 데이터를 함께 전송했다. 동국산업에서도 자사에 구축한 '산세 AI'를 통해 포스코가 전송한 예측 데이터를 수령하고 산세 처리과정을 최적화하며 다시 한번 데이터를 누적하고, 이를 포스코의 AI팩토리로 전송해 스케일 예측분석의 정확도를 높이는 데 활용한다.

포스코 열연재가 동국산업에서 고급 냉연재로 가공되는 과정이 이처럼 빅데이터로 양사의 AI팩토리 시스템에 쌓이고 반복 학습을 거쳐 고도화된다. 양쪽의

포스코의 스마트팩토리 기술 지원사업.　　　　　　　　　　　　　　　　포스코

데이터가 유기적으로 순환하고, 연결된 공장처럼 제품을 최적화해 생산하는 것이다.

포스코와 데이터 교환이 이뤄진 결과 동국산업은 고객이 요구하는 품질을 확보하면서 산세 공정에 투입되는 시간은 최소화할 수 있었다.

포스코는 또 스마트팩토리 구축을 대학, 중소기업, 스타트업 등과 함께해 '산학연 협력 체계'를 이뤄냈다. 세계경제포럼도 포스코 공장을 세계 등대공장으로 선정하며 이 같은 협력(Collaboration) 모델을 주요 선정 요인으로 꼽았다.

포스코는 최고 수준의 공과대학인 포스텍의 모기업인 만큼 여타 국내 기업들에 비해 산학협력에 강점을 보였다.

특히 포스코는 사내에서 인공지능 전문가를 활발히 육성하고 있는데, 이를 위해 국내 최고의 인공지능 분야 교수진이 있는 포스텍과 손잡았다. 포스코가 2017년부터 시작한 '포스코그룹 인공지능 전문과 과정'은 포스코 그룹의 각 분야 우수 인재를 선발해서 포스텍 교수들이 직접 교육하는 프로그램이다. 이 프로그램을 통해 3년 동안 60여 명의 포스코 사내 인공지능 전문가가 탄생했다. 전문과 과정을 거친 정예 인원들은 곧장 현업에서 스마트팩토리를 구축하는 데 투입됐다.

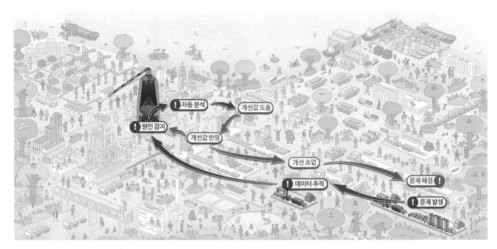

'연속 공정'에 특화된 포스코 스마트팩토리. 포스코

중소기업과 스타트업도 함께했다. 2016년부터 포스코 AI용광로를 함께 개발한 '이씨마이너(ECMiner)'는 데이터마이닝*을 전문으로 하는 중소기업이다. 이씨마이너는 자신들의 데이터마이닝 기술과 포스코 고유의 데이터를 결합해, 수작업으로 파악하던 용광로의 연소 상태를 자동으로 파악·분석·유지할 수 있는 시스템을 개발했다. 과거에는 작업자들이 바람구멍을 통해 일일이 육안으로 확인하고 경험에 의존해 판단했던 연소 상태를, 이제는 자동으로 촬영 후 빅데이터화하여 파악할 수 있다. 또 연소 정도를 적절하게 유지까지 시켜주니 투입해야 하는 석탄량이 줄어들어 원가 절감에도 큰 도움이 되고 있다.

이러한 협업은 포스코와 이씨마이너 모두 윈윈(Win-Win)하는 결과를 낳았다. 포스코는 대한민국의 기술력으로 AI용광로를 탄생시키는 데 성공했고, 이씨마이너 역시 포스코에서 어마어마한 양의 데이터를 작업하는 경험치를 길렀다. 더 나아가, 이씨마이너를 포함해 포스코 스마트팩토리 구축에 참여한 대학·중소기업·스타트업은 포스코에서 쌓은 기술력을 바탕으로 또 다른 기업의 스마트팩토리 구축에도 참여할 수 있다. 이를 통해 대한민국 스마트팩토리의 더 빠른 확산을 이끌 수 있을 것으로 기대된다.

# AI 제조혁신의 축 中企···
# 대기업과 국가가 돕는다

"대기업의 생산 노하우라면 첨단기술을 적용하거나 성과가 명확한 일일 것이란 선입견이 있었다. 그런데 스마트공장 구축을 위해 파견 나온 삼성전자 엔지니어들은 공장의 작고 사소한 비효율을 찾아 고치는 데 주력했으며, 이런 조치들이 모여 생산 소요시간을 절반 이하로 줄일 수 있었다."

경상남도 김해에 위치한 낚싯바늘 제조업체 금호조침의 김화규 대표는 2022년 중소벤처기업부 스마트공장 구축사업에 참여했던 경험을 이같이 회상했다. 금호조침은 현재 약 60개국에 낚싯바늘을 수출하는 세계 5위 강소기업이지만, 생산 환경은 회사가 처음 설립됐던 1976년의 모습 그대로였다. 재고관리가 전혀 이뤄지지 않아 창고에 중간 제품이 쌓인 줄도 모르고 추가로 생산했으며, 만들어둔 제품을 공장에서 찾는 데만 두 달이 걸리는 경우도 있었다. 이처럼 재고관리가 체계적이지 못한 탓에 금호조침은 주문을 받고 제품이 나오기까지 평균 8개월이 소요됐다. 보통 3~4개월이 필요한 다른 업체들에 비해 고객들이 두 배나 많은 시간을 기다렸던 셈이다.

정부·대기업이 함께 중소기업을 지원하는 상생형 스마트공장 구축사업을 통해 금호조침을 찾은 삼성전자 직원들은 이같은 문제를 파악하고 재고관리를 최우선과제로 삼았다. 먼저 수십 년간 창고에 쌓인 트럭 10대 분량의 재고를 폐기하고, 남은 제품들을 종류와 무게에 따라 배치했다. 바코드를 활용한 재고관리와 직원들의 동선관리 등 기초적인 개선 작업들이 이어진 끝에 금호조침의 납품 소요 기간은 업계 평균보다도 짧은 2~3개월로

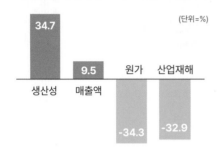

## 대기업 참여 상생형 스마트공장 도입 성과

(단위=%)

- 생산성 34.7
- 매출액 9.5
- 원가 -34.3
- 산업재해 -32.9

자료=중소벤처기업부

단축됐다.

김 대표는 "스마트공장 하면 떠오르는 자동화 설비나 복잡한 기술이 아닌 재고관리부터 시작해 의아했던 기억이 난다. 그러나 구축사업을 마치는 시점에는 별것 아닌 것처럼 보인 노하우들로 생산성이 향상된 게 여실히 느껴졌다"고 했다.

광주의 삼성전자 정밀금형 개발센터에서는 3D 스캐너를 동원해 낚싯바늘의 설계도면을 제작했다. 기존에는 김 대표의 손 감각과 눈썰미에만 의존했던 낚싯바늘 설계가 체계화된 덕에 다른 직원들도 설계도면을 바탕으로 다른 디자인의 제품을 내놓을 수 있게 됐다.

금호조침 사례처럼 대기업 전문인력에게 노하우를 전수받는 상생형 스마트공장 구축사업은 단순히 금전 지원만 이뤄진

다른 스마트공장 사업에 비해 훨씬 뛰어난 성과를 거뒀다.

2022년 중소벤처기업부 집계에 따르면 상생형 사업 참여 기업에서는 산업재해 감소율이 32.9%에 달해 전체 평균인 4.9%보다 6배 뛰어난 효과를 봤다. 원가 절감률도 전체 평균이 15.9%에 그쳤던 것에 비해 상생형 참여 기업은 두 배가 넘는 34.3%의 성과를 냈다. 생산성 향상과 매출 증가 지표도 전체 평균은 각각 29.4%, 6.4% 수준이었지만 상생형 참여 기업은 각각 34.7%, 9.5%로 월등했다.

중기부 관계자는 "금전 지원 액수만 따져보면 상생형 참여 중소기업은 다른 참여 기업에 비해 오히려 더 적은 돈을 지원받았다. 대기업이 지원하기로 한 액수 가운데 일부를 현물(인력 파견)로 돌렸기 때문"이라며 "대기업 숙련 인력이 중소기업 상황에 맞춰 공정을 개선해주는 것이 웬만한 설비나 소프트웨어 설치보다 가치 있었던 셈"이라고 전했다.

코로나19 팬데믹 기간에도 대기업 숙련 인력의 생산 노하우를 중소기업에 접목시킨 효과가 여실히 증명된 바 있다. 코로나19 진단키트 생산업체들의 경우 삼성전자 지원으로 생산성이 73% 증가했으며, 마스크 생산업체들 역시 일일 생산

삼성전자 엔지니어가 중소기업 해성디에스에 파견돼 공정 개선을 돕는 모습.

량을 51%나 확대할 수 있었다. 백신 확보가 화두였던 시점에는 백신 잔량을 최소화하는 LDS(Low Dead Space) 주사기의 금형 제작 기간을 40일에서 4일로 단축했다.

이처럼 상생형 스마트공장 구축사업은 뛰어난 성과를 거뒀지만 2023년도에는 사업 예산이 216억원으로 전년도(253억원) 대비 37억원(14.6%) 감소했다. 상생형 사업은 정부 지원 액수가 줄어드는 것에 비례해 대기업의 지원 액수도 줄어들어 실제 중소기업들에 돌아가는 혜택은 훨씬 크게 감소할 전망이다.

삼성전자가 시작한 중소기업 스마트공장 전환 지원사업은 민간 기업들의 자발적인 생태계 확장 노력이 더해지며 확산되는 추세다. 이미 스마트공장으로 전환한 전라북도 중소기업들은 지역 내 다른 기업의 제조 혁신을 돕기 위해 멘토단을 꾸리며 전파하는 중이다.

전라북도는 지역 내 중소기업들이 사단법인 '전북·삼성 스마트 CEO 포럼' 협의체를 구성하고 비전 선포식을 열었다고 밝혔다. 이 자리에는 스마트공장 참여를 희망하는 43개 도내 기업의 130여 명이 참석했다.

전북·삼성 스마트 CEO 포럼 협의체는 지역 내에서 스마트공장 도입을 희망하는 기업들을 발굴하고 이들의 전환 과정을 멘토링하기 위해 만들어졌다. 협의체는 전라북도에서 삼성전자 스마트공장 구축 지원사업에 참여했던 중소기업 15곳으로 시작됐다.

삼성전자가 2015년부터 시작한 스마트공장 구축 지원사업은 이번 협의체 구성을 통해 자생적인 생태계로 한 단계 진화하게 됐다. 이재용 삼성전자 회장이 최근 스마트협력사 동아플레이팅을 방문해 "건강한 생태계를 조성해 상생의 선순환을 이뤄야 한다"고 강조한 것도 이 같은 협의체를 염두에 둔 것으로 보인다.

협의체 대표 회장사는 농업용 트랙터를 생산하는 강소기업 위제스가 맡았다. 위제스는 2016년에 삼성전자로부터 스마트공장 전환에 대해 컨설팅을 받았다. 삼

중소기업 대표 500여 명이 삼성전자 광주 가전공장에서 '스마트공장 혁신 사례 견학 투어'를 하고 있다.　　　　　삼성전자

성전자는 냉장고 생산라인에 적용하던 일명 '키팅 시스템'을 위제스 현장에 반영했다. 이는 공정에 필요한 부품을 미리 상자에 담아 조립 라인별로 배치하는 방식이다.

시스템 반영의 결과는 놀라웠다. 핵심 부품인 캐빈 생산 소요 시간이 40분에서 23분으로 줄어들며 생산성이 100% 가까이 증가한 것이다. 부품이 정확한 장소에 제대로 전달되면서 불량률은 97%나 감소했다. 이후 코로나19가 확산되고 미국 등에서 정부 지원금으로 농기계를 교체하려는 수요가 폭발하면서 스마트공장으로 전환한 위제스에 기회가 찾아왔다. 정철영 위제스 회장은 "경쟁 기업이 늘어난 물량을 맞추지 못할 때 위제스는 충분한 준비가 돼 있었다"면서 "그 결과 2022년 매출이 30% 이상 폭발적으로 늘어났다"고 말했다.

위제스를 포함해 삼성전자는 2015년부터 현재까지 3000곳이 넘는 기업을 지원했다. 중소기업중앙회는 삼성 스마트공장 구축 지원사업의 정책 효과를 분석한 결과 도입 기업이 미도입 기업 대비 매출액은 23.7%, 고용은 26.0%, 연구개발(R&D) 투자는 36.8% 늘었다고 분석했다.

이 같은 효과가 입소문을 타면서 전달되고, 많은 기업들이 삼성에 적극적인 러브콜을 보내면서 지자체도 동참에 나섰다. 전라북도는 협의체 구성을 계기로 도내 삼성전자 스마트공장 구축사업에 참여하는 중소기업에 투자비를 지원할 계획이다.

## 중소벤처기업진흥공단 '스마트공장 재직자 장기심화과정'

충북 증평에 위치한 한국알미늄(대표 김창호)은 1987년 설립된 알루미늄 소재 및 포장재 전문 제조기업이다. 냉난방 등 공조시설 및 라디에이터의 열교환용 FIN재, 전기 및 전자·전선, 2차전지용 소재 등에 필요한 알루미늄을 생산한다.

특히 6$\mu m$(통상 100$\mu m$ 정도 되는 머리카락보다도 17배가량 얇은 수치)는 한국알미늄에서 생산하는 포일의 최저 두께다. 상상조차 힘들 정도로 얇은 최저 두께의 포일은 냉간 압연 기술을 발전시켜온 한국알미늄의 자부심이기도 하다. 자체 기술을 바탕으로 고객 요구에 맞는 재질과 두께로 식품, 생활, 산업, 제약 등 다양한 분야에 사용되는 포장재를 제작해 산업 전방위적으로 활약 중이다.

한국알미늄은 정보통신기술(ICT)과 융합 기술을 제조 현장에 적용해 생산성과 직원 업무 효율을 높이고자 2017년 스마트공장을 본격 도입했다. 하지만 스마트공장에 대한 전문 지식과 경험을 갖춘 인력을 확보하기 어려워 운영에 어려움을 겪었다.

이를 해결하기 위해서는 직원이 직접 기업 생산 공정에 특화된 기술을 습득하고, 그 기술을 다른 직원들에게 전파하는 것이 중요한 과제였다. 특히 직원들의 스마트공장에 대한 이해도와 인식을 높이고 현장 전문가를 육성하는 교육이 절실한 상황이었다.

김창호 대표는 "2022년 초 인터넷을 검색하다 접하게 된 '스마트공장 재직자 장기심화과정'이 고민의 해결사가 됐다"고 말했다. 2015년 입사한 소재사업본부 박상수 대리가 대표적인 사례다. 당초 현장 생산직 근로자로 입사했던 박 대리는 2019년 생산 관리자로 인사 이동을 했다. 공장 운영 전반에 대한 지식과 ERP, MES 등 시스템 운영 경험이 요구돼 부담감이 작지 않았다. 하지만 스마트공장 재직자 장기심화과정을 통해 그 부담을 점차 덜 수 있었다.

중소벤처기업진흥공단에서 운영하는 스마트공장 재직자 장기심화과정은 스마트공장 심화 교육을 통해 스마트공장 도입 기업의 원활한 운영과 고도화를 추진할 사내 전문가를 양성하는 교육과정이다. 총 160시간(3개월)에 달하는 이론·실습 교육과 전문 강사가 현장에 직접 방문해 현장의 문제점을 발굴하고 개선하는 현장 프로젝트 교육을 함께 진행하는 것이 특징이다. 중진공은 장기심화과정을 4년

충북 증평에 위치한 한국알미늄 공장 모습.                                           한국알미늄

째 운영해오고 있다. 현재까지 1400여 명의 수료생을 배출해 중소·벤처기업 현장 스마트공장 전문인력 양성의 첨병 역할을 하고 있다. 2022년 과정 수료생 대상 설문조사 결과, 스마트공장 관련 업무수행 수준이 교육 전 48.8점에서 교육 후 78점으로 62.6% 향상되는 성과를 보였다.

한국알미늄은 스마트공장 구축 후 집계된 설비의 데이터는 방대하나 활용도가 낮은 점이 가장 큰 문제였다. 이에 대한 맞춤형 해결책으로 현장 프로젝트 주제를 공정별 데이터 분석을 통한 설비 종합 효율 증가 및 제조원가 절감으로 정했다.

1년8개월간 데이터를 분석하고 해결 방안을 도출한 결과 시간 가동률 80% 향상, 손실 30% 절감, 매출 134% 증가라는 성과를 얻어 회사의 직접적인 수익 향상에도 큰 도움이 됐다.

박 대리는 "돌발 상황이 자주 발생하는 업무 특성상 매번 전문교육을 받으러 다닐 여유가 없었는데, 해당 과정은 이틀간의 실습교육 외에는 기업 현장에서 교육이 진행돼 좋았다"면서 "전문가가 직접 방문해 기업 현장 문제도 해결하고 스마트공장 전문 지식도 쌓을 수 있어 큰 도움이 됐다"고 말했다.

# 한국형 AI 솔루션의 현재와 미래, 그리고 양자컴퓨터

제조업 디지털화를 통해 공장의 생산성을 높이는 것 못지않게 미래 제조업의 경쟁력을 좌우하는 요소는 디지털화를 구현할 수 있는 공급사업을 키워내는 것이다. 한국의 경우 세계 시장에서 활동하는 제조업 대기업들이 자사 공장만을 첨단화시키는 것은 나쁘지 않은 성과를 거두고 있다. 그러나 공장 디지털화 과정을 체계적으로 만들어 이를 상품화하는 AI 솔루션 공급기업은 세계 무대에 내세울 곳이 마땅치 않은 실정이다.

한국의 스마트제조 공급 부문의 경쟁력은 선도국 기술 대비 70% 수준으로 평가된다. 선도 국가와의 기술 격차는 대체로 2년 내외로 평가된다. 이로 인해 국내에서의 스마트공장 사업정책 성과는 대부분 외국산 솔루션에 의존할 수밖에 없는 현실이다.

공장 운영 시스템과 통신 분야는 최고 기술 수준 보유 국가 대비 상대적 기술 수준이 각각 86%, 93%로 발달해 있다. 그러나 비즈니스 SW · 플랫폼 · 제어 시스템 · 생산현장 부문은 미국과 독일 등 최고 기술 수준 보유 국가의 60~80%로 추격자 그룹에 위치했다. 첨단 분야로 볼 수 있는 제어 시스템과 가상물리 시스템, 기획설계 솔루션 영역 등의 경쟁력도 취약하다.

스마트제조 SW 솔루션 부문에서는 국내 대기업을 포함하여 다수의 기업들이 서비스를 제공하고 있지만, 국제 무대에서 경쟁할 수 있는 솔루션을 제공하는 기업을 찾아보기는 힘들다. 대부분이 수출 없이 내수 시장 위주로 사업을 운영하고 있다.

국내 스마트제조 공급업체는 이처럼 진

## 스마트제조 부문별 국제 경쟁력 평가

(단위=%·년)

| 대분류 | 중분류 | 최고 기술 수준 보유 국가 | 최고 기술 수준 보유 국가 대비 상대적 기술 수준 | 최고 기술 수준 보유 국가 대비 상대적 기술 격차 | 한국 해당 그룹 |
|---|---|---|---|---|---|
| SW 솔루션 | 비즈니스 | 미국 | 71.6 | 2.7 | 추격 |
| | 공장 운영 | 미국 | 86.8 | 1.1 | 선도 |
| 플랫폼 서비스 | 플랫폼 | 미국 | 67.9 | 2.7 | 추격 |
| 장비·디바이스 | 제어 시스템 | 독일 | 67.2 | 3.3 | 추격 |
| | IoT | 미국 | 74.0 | 2.4 | 추격 |
| | 통신 | 미국 | 93.2 | 0.1 | 선도 |
| | 생산현장 | 미국 | 72.8 | 2.1 | 추격 |

*그룹 분류 기준 80% 이상 선도, 60% 이상 추격, 40% 이상 후발, 40% 미만 취약

자료=산업통상자원부(2019)

입장벽이 낮은 SW 솔루션을 제공하는 사업 영역의 비중이 상당히 높다. 90% 이상이 중소기업이며 평균 매출액이 42억원 수준으로 규모가 영세하다.

삼성SDS, LG CNS, 포스코DX와 같은 국내 대기업 계열사들은 자사 SW솔루션 및 플랫폼 서비스를 개발해 스마트공장의 고도화를 추구하고 있다. 그러나 이역시 상품화를 거쳐 해외 시장을 노리기에는 적합하지 않은 모델들이다. 대부분 모기업의 사업 적용에 주력하고 다른 업체나 해외 시장에서의 수주에는 소극적이어서 비즈니스 모델화에 부진하다.

생산설비 공급업체들의 경우 SW 솔루션 및 플랫폼과 연계한 패키지로 국제 경쟁력을 추구해야 하지만, 국내의 선도적 사례가 충분치 못하며 단순 부품과 제품 생산 비중이 높고 핵심 기술에 대한 해외 의존도도 높은 상황이다.

국내 스마트제조 공급기업 367개사에 관련 사업의 현황과 계획, 전망, 경쟁력 등에 관한 설문조사를 진행한 결과, 소기업이 77%, 중기업이 19%로 중소기업이 전체의 96%로 대부분을 차지했다.

또 솔루션·서비스 기업 가운데 상당수가 소프트웨어 개발, 컨설팅 등 서비스업에 치중하고 있는 실정이다. 생산공장, 기술연구소에 비해 자본 투자의 부담이

작아 진입장벽이 낮은 덕분에 중소기업들이 쉽게 진입한 결과로 해석된다.

이처럼 한국의 스마트제조 공급사들은 대부분 단일 부품이나 소프트웨어, 서비스를 공급한다. 반면 완제품, 통합적 서비스나 소프트웨어를 제공하는 비중은 작다.

스마트제조 공급 분야는 다양한 생산설비와 각종 소프트웨어에서 시스템 서비스 제공 등 제조와 서비스 영역이 함께 공급되므로 이들을 잘 통합하고 패키지화하는 것이 주요한 경쟁 요인이다. 그러나 한국의 공급업체들은 단일 제품이나 서비스는 경쟁력을 갖췄지만, 기술 획득 방식이나 시장 공략을 독자적으로 추진한 탓에 지속적으로 고도화하는 역량은 부족한 것으로 보인다.

또한 네이버, KT 등에서 금융·개인 서비스 분야 중심으로 클라우드 서비스를 제공 중이나, 글로벌 빅테크에 비해 시장 점유율이 저조하다. 2021년 기준 한국 시장에서의 네이버와 KT, NHN의 클라우드 매출액은 1조원 수준인데, 이는 2조원에 달하는 아마존 클라우드 사업(AWS)의 절반 수준이다. 산업 분야에서의 성과는 더욱 미미하다. 대기업 ICT나 통신사, AI 전문기업 등에서 AI 솔루션을 개발·제공 중이나 해외 솔루션 대비 경쟁력이 미흡하고, AI 전문기업은 영세한 상황이다.

## 한국형 AI 솔루션 - LS일렉트릭

한국의 주요 대기업들은 공장 시설을 첨단화하고 AI 분석 기능을 갖출 때 주로 자사에서만 활용할 수 있는 솔루션을 개발하거나, 독일 지멘스·프랑스 슈나이더 등 외국 업체가 개발한 솔루션을 활용하는 경우가 대부분이다. 국내 대기업 가운데 타 기업에 판매할 목적으로 제조업 디지털화 솔루션을 개발하는 대표적 사례는 LS일렉트릭이다.

LS일렉트릭은 최근 '에너지의 모든 것'을 테마로 SST(솔리드스테이트 변압기; Solid State Transformer) 기반 전기차 충전 플랫폼을 최초 공개하고 △차세대 모듈형 ESS(에너지저장장치; Energy Storage System) 솔루션 △EV 릴레이(Relay) △DC 전력기기 토털 솔루션과 글로벌 스마트에너지 사업 전략 등을 선보였다.

LS일렉트릭의 SST는 단순히 전기를 변압하는 역할을 하는 일반 변압기와 달리, 전력반도체가 적용돼 변압은 물론 직류(DC)-교류(AC) 간 변환도 가능한 변압기로, 충전 효율은 향상되는 동시에 별도

LS일렉트릭은 아세안 국가 주한대사 10명으로 구성된 '아세안 커미티 인 서울' 회원들에게 LS일렉트릭 청주 스마트팩토리 현장을 소개하고 향후 아세안 지역 사업 협력 방안을 논의했다. 사진은 구자균 LS일렉트릭 회장(왼쪽)과 롬마니 카나누락 주한 태국대사.                                LS일렉트릭

의 전력변환장치 설치 역시 필요 없다는 장점이 있다.

교류(AC)를 사용하는 일반 전력 계통과는 달리 전기차 충전기, 배터리 등은 직류(DC)를 사용하고 있어 전기차 충전소에는 별도의 전력변환장치가 구축돼야 하는데, SST를 사용하면 설치 면적은 최대 40%, 무게는 절반 이상 줄일 수 있다. 또한 LS일렉트릭 SST 기반 전기차 충전 플랫폼은 적용 사이트의 ESS 충·방전, 충전기 전력 사용량 등의 데이터를 측정·수집·분석할 수 있어 시간별 요

금제 적용, 충전량 제어 등을 통해 전력 에너지 시장 효율성, 안정성도 함께 높일 수 있을 것으로 기대된다.

LS일렉트릭은 글로벌 산업용 ESS 시장 공략을 위한 차세대 ESS 플랫폼 MSSP(Modular Scalable String Platform)도 공개했다. 전력변환 핵심 부품인 PEBB(펩; Power Electronic Building Block)을 200kW 단위로 모듈화해 스마트 독립 운전이 가능한 것이 특징이다.

LS일렉트릭은 차세대 ESS를 앞세워 ESS 수요가 확대되고 있는 일본, 북미, 유럽

등 해외 시장을 공략한다는 계획이다. 글로벌 ESS 시장 규모는 2027년까지 130억 5000만달러(약 18조원)에 이를 전망이며, 2030년까지 연평균 35% 성장을 통해 약 302GWh가 보급될 것으로 예상된다.

LS일렉트릭은 특히 일본을 교두보 삼아 글로벌 시장 확대에 속도를 내고 있다. 일본 ESS 시장은 정부 차원의 탈탄소 2050 선언, RE100 실현 등을 위한 대규모 신재생에너지 보급 사업이 잇따라 진행되고 있어 가파른 성장세를 보일 것으로 기대된다.

이에 따라 2050년 일본의 계통안정용 ESS 설치 규모는 지금보다 40% 이상 확대되고, 빌딩, 공장 등 에너지 다소비 사업장에 적용되는 BTM(Behind The Meter) ESS 설비용량도 약 69GWh에 달할 것으로 전망된다.

LS일렉트릭은 2022년 일본 정부가 발주한 계통안정용 ESS 구축 13개 프로젝트 가운데 2건을 국내 기업 최초로 수주해 규슈(2MW*8MWh 규모)와 홋카이도(2MW*8MWh 규모)에 설치했다.

LS일렉트릭은 이와 함께 효율적인 에너지 관리를 위해 필수적인 LV(저압) 드라이브 신제품 'S300', 중대재해처벌법으로 강화되는 산업 안전에 대비한 '안전 솔루션', 효율적이고 합리적인 제조·물류 공정을 구현하는 '델타로봇(Delta Robot)'과 '무빙마그넷(Moving Magnet)', 스마트공장을 구현하는 '디지털 트윈(Digital Twin)' 등 자동화 솔루션 등을 공개한 바 있다.

LS일렉트릭은 합리적인 가격에 제조 공정을 개선하는 동시에 효율적인 설비 관리가 가능한 대·중소기업 상생형 스마트공장 모델도 운용 중이다.

'스마트 제조 혁신의 함성, 함께 성장하는 대한민국'을 슬로건으로 민관 합동으로 함께 이뤄낸 '스마트공장 3만개 보급·확산' 성과를 거뒀으며, 디지털 전환 시대의 향후 새로운 스마트 제조 혁신 추진을 위한 공감대를 형성한 바 있다.

테크스퀘어는 시장에서의 정보 불균형을 해소해 줌과 동시에 전문가 멘토링, 최적 파트너사 매칭 등 제조기업에 최적화된 서비스를 통해서 스마트공장을 제대로 구축할 수 있도록 해 주는 스마트공장 플랫폼이다.

LS일렉트릭은 약 100억원의 기금을 마련해 테크스퀘어를 통해 중소·중견기업 156개사에 상생형 스마트공장 구축 지원 활동을 추진했다. LS일렉트릭은 스마트공장 구축 노하우와 빅데이터 적용 사례를 소개한다.

스마트공장 솔루션에서는 다품종 소량생산을 주력으로 하는 중소 제조기업에 유용한 스마트 워크벤치(Smart Workbench)를 개발했다. 스마트 워크벤치는 디지털 작업지시서와 작업자 실수에 따른 불량을 최소화할 수 있는 '부품 체결 솔루션'으로, 자사 천안사업장에서 실제 구현해 운용한 데 이어, 전기전자 분야의 기업들도 적용해 품질 개선의 효과를 거두고 있다.

LS일렉트릭은 국내 자동화 1위 기업 역량을 바탕으로 개발한 차세대 PLC(Programmable Logic Controller), AC Drive, HMI(Human Machine Interface) 솔루션도 선보일 예정이다. 현장 데이터를 수집·처리하는 자동화 분야 핵심 기술을 바탕으로, 스마트공장 구축을 희망하는 기업들이 손쉽게 적용할 수 있는 '엣지 컴퓨팅 솔루션(Edge Computing Solution)' '엣지 허브(Edge Hub)'를 개발했다. 엣지 컴퓨팅 솔루션은 다양한 현장 디바이스 데이터의 실시간 처리를 통해 제조 현장의 디지털 전환을 가속할 수 있는 것이 장점이다. 엣지 허브는 OT 영역의 다양한 자산을 손쉽게 연결하고 수집된 데이터를 가공·분석할 수 있으며, IT 시스템과 자유롭게 데이터를 주고받기 위한 솔루션이다.

## 한국형 AI 솔루션 - LG유플러스

LG유플러스는 스마트팩토리 솔루션을 2016년부터 전국으로 확산하는 사업을 추진 중이다. 특히 중대재해처벌법 시행으로 개별 솔루션 매출이 전년 대비 2.5배 뛰고 연간 매출 성장률이 70~80%를 기록한 바 있다.

LG유플러스는 다양한 산업군과 고객사가 5세대(5G)·LTE 이동통신 서비스를 이용해 안전한 근로환경과 높은 생산성을 동시에 누릴 수 있도록 하는 솔루션을 제공한다. 과거 대부분의 공장자동화 솔루션은 와이파이를 기반으로 운영됐다. 이는 이동 중 연결이 불완전하다는 평가가 있었다. LG유플러스는 5G·LTE망의 넓은 커버리지에 더해 폐쇄망으로 보안성을 갖춘 점을 경쟁력으로 내세우고 있다.

LG유플러스 스마트팩토리 사업의 핵심 전략은 '중견·중소기업 대상 솔루션 확대'다. LG유플러스는 사업 초기 대기업과 공공 분야부터 적용 범위를 확대해왔다. 특히 2022년 중대재해처벌법 시행으로 중견·중소기업의 솔루션 도입 수요가 크게 늘었다고 판단했다. 이에 중견·중소기업에 최적화한 솔루션과 구축비용 부담 경감에 집중하고 있다. 그 결과 'U+ 스마트팩토리'라는 브랜드가 출범한 뒤 1년 새 7종이 추가된 19종의 솔루션을 확보했다.

공장을 한눈에 관제할 수 있는 디지털 트윈 기반 '통합관제센터', 스마트키로 암호화된 값을 확인한 후 개폐 가능한 '무전원 디지털 락', 인공지능(AI)이 정상적인 생산라인을 학습해 제조 과정에서 발생하는 이상 상황을 감지하고 기록하는 '생산라인 이상감지' 솔루션 등이 새롭게 추가된 솔루션이다. 그 밖에 LG유플러스는 통신망(기업전용망, 특화망), 안전·환경관리(지능형 CCTV, 안전모니터링), 생산·품질관리(AI 비전검사), 설비관리(모터 진단, 생산모니터링)와 같은 제품을 제공하고 있다.

LG유플러스는 자사 스마트팩토리의 강점 중 하나로 각 공정을 모니터링하는 이종의 솔루션이 디지털전환(DX) 플랫폼을 통해 통합관리되며 관리자들의 원활한 공장관리를 지원한다는 점을 꼽고 있다. 이는 중견·중소기업이 중시하는 인건비 절감, 생산성 확대와 직결된다. 사업 초반 LG유플러스를 경쟁 상대라고 생각하던 솔루션 업체들도 협력을 위해 찾아오고 두터운 공조관계를 형성하는 데 성공했다.

전자·화학·디스플레이를 포함해 그룹 내 35개 제조업 계열사에서 축적한 탄탄한 레퍼런스도 강점으로 보고 있다. 이러한 구축 성공 사례는 항만, 물류를 비롯한 다양한 외부 고객사에 스마트팩토리 솔루션을 제공하는 발판이 됐다. LG유플러스에 따르면 사업 초기에는 고객사 가운데 10~20%에 불과했던 외부 고객사 비중이 50% 이상으로 늘어났다.

이와 함께 LG유플러스는 통신사업자를 넘어 플랫폼사업자로 전환하겠다는 'U+3.0' 비전을 선포한 바 있다. 본격적인 플랫폼 사업 경쟁력 강화에 나선다는 방침이다.

플랫폼 고도화에 따른 기술 개발 역량 내재화를 위한 인재 채용에도 적극 나선다. LG유플러스는 2024년까지 AI·데이터 사이언티스트, 데이터·플랫폼 엔지니어, SW·ML옵스 엔지니어를 포함한 200여 명을 채용하겠다는 계획을 세웠다. 우수 인재 채용을 위해 LG유플러스는 다른 벤처 스타트업에서 적극 활용하고 있는 파격적인 인센티브나 스톡옵션과 같은 새로운 보상제도도 적극 운영하고 있다.

## AI 솔루션의 미래 양자컴퓨터

현재 AI 산업에서는 정보처리 능력이 뛰어난 양자컴퓨터와 챗GPT를 필두로 엄청난 변혁이 일어나고 있다. 양자컴퓨터가 접목된 AI 솔루션은 공장에서 수집된 데이터는 물론이고 사물인터넷(IoT)을 통해 확보된 소비자들의 제품 이용 패턴이나 판매 데이터까지 활용해 신상품을 기획하고 소재나 부품을 자동 발주해 제품을 자동 생산하는 방향으로 진화하고 있다.

그러나 한국의 공장 대부분은 집계된 데이터를 활용할 AI 솔루션을 전혀 갖추지 못했다. 그런 만큼 정부는 앞으로 설립할 계획인 양자기술대학원에서 AI팩토리 솔루션 개발부터 속도를 내고 기업들도 힘을 보태야 한다.

양자컴퓨팅은 패턴 찾기, 타기팅 및 예측, 거래 최적화 및 위험 프로파일링 등 불확실성과 관련된 복잡한 데이터 구조로 인해 오늘날에는 불가능했던 문제를 푸는 데 활용될 것으로 기대되고 있다.

한국도 이러한 거대한 변화 흐름에 발맞춰 장기적 안목에서 적극적인 투자와 지원으로 인재 양성, 생태계 구축을 통한 협업 등 양자를 둘러싼 '소프트파워'를 형성해 나가야 국가경쟁력 원천으로 양자 기술력을 확보할 수 있다.

정부, 기업, 학계가 힘을 합쳐 양자 기술의 기반이 되는 기초과학과 과학자들이 마음 놓고 장기적인 연구에 몰두할 수 있는 환경, 양자 기술에 대한 정보를 교류하고 협업할 수 있는 장이 마련될 수 있도록 지원해야 한다. 양자 개발자를 인증할 수 있는 프로그램, 양자컴퓨팅 인재 양성을 위한 대학 커리큘럼 투자에도 적극 나서야 한다.

양자컴퓨터는 양자중첩과 양자얽힘을 포함한 양자역학 현상을 이용해 연산하는 기계다. 0과 1 중 한 가지만 연산 기본 단위(비트)로 갖는 기존 컴퓨터와 달리 양자컴퓨터는 0과 1의 조합(큐비트)까지 다룰 수 있어 연산 처리 속도가 획기적으로 빠르다. 기존 컴퓨터로는 해독하는 데 100만년 이상 걸리는 암호도 양자컴퓨터는 수 초 만에 풀어낼 수 있을 것으로 전망되고 있다. 그간 인류가 해결하지 못했던 기후변화나 신약 개발, 우주 현상을 비롯한 미래 산업의 '게임 체인저'로 양자컴퓨터가 주목받는 이유다.

최근 북미와 유럽, 아시아까지 다양한 국가가 양자컴퓨팅 관련 기술 개발에 열을 올리고 있다.

특히 미국 IBM은 2022년 연산 처리 단위

를 433큐비트로 늘린 새로운 양자컴퓨팅 프로세서 '오스프리'를 공개하며 전 세계를 놀라게 했다. IBM은 2025년 4000큐비트 이상의 양자컴퓨터를 개발하겠다는 목표를 제시한 바 있다. 반면 한국표준과학연구원은 2026년 말까지 50큐비트의 양자컴퓨터를 개발하겠다는 로드맵을 공개했다. 현재 국내 양자컴퓨팅 연구인력은 261명으로, 중국(2506명)의 10분의 1 수준에 그치는 것으로 파악되고 있다.

양자컴퓨터가 우리 실생활에 얼마나 큰 변화를 가져올지는 아직 분명하지 않지만 국가 경쟁력을 위해 누구보다 먼저 개발해야 한다는 점은 확실하다. 양자컴퓨터가 아직 실험적인 초기 단계에 머물러 있지만 가까운 미래에 상용화할 경우 사회 전반에 가져올 엄청난 위협을 반드시 대비해야 한다. 예를 들어 북한에서 양자컴퓨터를 개발해 우리나라 금융기관을 해킹할 경우 예치된 개인 자산은 물론 국내 금융시장 전체의 천문학적 자금을 빼내는 일이 순식간에 가능해지기 때문이다.

반도체, 자동차가 그러했듯 한국은 양자컴퓨팅을 통해 다시 퀀텀점프(대도약)할 수 있다. 암호전쟁의 핵심 무기인 양자컴퓨터가 무한시대에서 한국을 지켜낼 수 있다. 한국이 양자컴퓨팅 산업 선도 국가로 도약하기 위해 △과학기술정보통신부 1차관·2차관·혁신본부로 쪼개진 양자컴퓨팅 기술 관련 정책 업무 일원화와 국가과학기술자문회의 산하 양자기술특별위원회의 대통령 직속 조직 '승격(Level Up)' △양자컴퓨팅 전문기업 육성을 위한 민·관·학 협력 '생태계(Ecosystem)' 구축 △양자컴퓨터 중심 안보 '동맹(Alliance)' 확장 △'인재(People)' 양성을 위한 양자대학원 설립과 해외 우수 인력 유치 등의 전략이 필요하다.

정부도 2030년까지 양자기술 4대 강국 도약을 목표로 양자를 국가전략기술로 선정해 산학연 협력을 통한 연구개발에 박차를 가하고 있다. 국내 전문인력을 양성하고 해외 우수 인재를 적극 유치하기 위해 새로운 전략을 마련하고 있다. 정부는 대형 연구개발 사업 추진을 통해 정부 투자를 크게 확대하고 양자법 제정 등 제도적 기반을 구축해 양자컴퓨팅 기술 육성에 앞장설 계획이지만 지금은 선도국과 차이가 큰 게 사실이다.

# 조용히 큰돈 벌고 있는 기업들

흔들리지 않는 탄탄한 제조업 국가로 나아가기 위해선 수출 대기업뿐만 아니라 소재·부품·장비 등 다양한 공정 단계를 책임져줄 강소기업의 역할도 중요하다. 특히 대체 불가한 기술력을 가진 강소기업을 잘 육성한다면 단순히 대기업의 하청업체를 넘어서 '갑'인 발주업체를

상대로 협상 우위를 지니는 '슈퍼을' 기업으로 자라날 수 있다. 제조업 역량이 국가의 안보에까지 영향을 미치는 흐름 속에서 슈퍼을 강소기업의 육성은 선택이 아닌 필수라고 볼 수 있다.

반도체 전 공정 과정을 예로 들자면 전 세계에서 유일하게 극자외선(EUV) 노광 장비를 생산하는 네덜란드의 ASML이 대표적인 슈퍼을 기업으로 꼽힌다. 노광 공정은 사진을 찍으면 필름에 상이 옮겨지듯이 빛을 이용해 실리콘 웨이퍼에 회로 모양을 새기는 과정으로, 미세한 작업이 무엇보다 중요하다. ASML이 가진 EUV 노광 기술은 기존에 쓰이던 불화아르곤 노광 장비보다 짧은 파장을 가지고 있다. 그 덕에 7나노 이하 초미세 공정까지 구현할 수 있어 고성능 저전력 첨단 반도체를 만드는 데 핵심 기술로 여겨진다. 반

## 미국·일본·네덜란드 기업들이 장악한 반도체 전 공정 1위 자리

도체 기업의 생존이 해당 장비에 달려 있다 해도 과언이 아닌 셈이다. ASML이 독점 생산하는 장비 한 대 가격만 2000억~3000억원에 달하며, 삼성전자와 TSMC 등 글로벌 반도체 기업이 앞다퉈 장비를 선점하기 위해 경쟁을 벌일 정도다. 2022년 이재용 삼성전자 회장은 네덜란드를 직접 방문해 구매를 요청하기도 했다.

그 밖에 웨이퍼 제조와 트랙 공정에선 각각 일본의 신에쓰화학과 도쿄일렉트론(TEL)이 전 세계 점유율 1위를 차지하고 있다. 식각 공정은 램리서치, 증착은 어플라이드머티어리얼즈(AMAT)라는 미국 기업이 슈퍼을로 자리 잡고 있다. 시장조사업체 가트너에 따르면 AMAT, ASML, 램리서치, TEL 등 반도체 장비업체 상위 4개 기업이 2021년 기준 점유율 65% 이상을 차지하고 있다.

삼성전자와 같은 국내 반도체 대기업도 미국과 일본 등 슈퍼을 장비 업체들에 기대고 있는 상황이다. 현대경제연구원이 발표한 보고서에 따르면 2021년 기준 우리나라 반도체 장비 수입액은 265억9000만달러로 수출액(93억7000만달러)의 3배 수준이며, 무역수지 적자는 172억2000만달러에 달하는 것으로 분석됐다. 특히 미국, 일본, 네덜란드에 대한 수입의존도가 높게 나타났다. 신성호 동아대 국제무역학과 교수 연구팀은 네덜란드 수입에 100% 의존하고 있는 노광 장비와 미국과 일본 수입에 각각 70.8%와 25.5%를 의존하고 있는 이온주입기 등 국산화가 낮은 장비의 공급망 리스크가 큰 상황이라고 분석했다.

## 세계 수출 시장 1위 품목 보유 상위 15개국(2020년)

(단위=개)

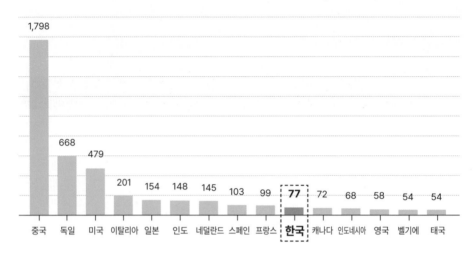

한국무역협회, 세계 수출 시장 1위 품목으로 본 우리 수출의 경쟁력 현황(2022).

자료=UN Comtrade

이에 비해 한국이 독점적으로 세계 시장에 공급하는 품목은 많지 않다는 것이 약점으로 지적된다. 한국무역협회에 따르면 2020년 기준 한국의 전 세계 수출 시장 1위 품목 수는 77개로 세계 10위를 기록했다. 중국이 1798개로 가장 많았고, 그다음으로 독일(668개), 미국(479개), 이탈리아(201개), 일본(154개), 인도(148개) 등이었다. 김아린 무역협회 연구원은 "우리나라의 1위 품목에서 중국 및 일본과의 경쟁이 치열해지고 있다"며 "R&D 역량 강화, 제품 차별화 등을 통해 차세대 유망 품목 육성에 적극 나설 필요가 있다"고 말했다.

# 강소기업은 여기에 투자한다

한편 해외 슈퍼을 기업들의 공통점은 첨단 기술 확보를 위한 장기 R&D에 투자를 아끼지 않았다는 점이다. 또 사업 초기부터 자국 대기업에만 기대지 않고 세계 시장을 무대로 사업을 다각화하면서 글로벌 공급망 가치사슬의 한 축으로 자리매김할 수 있었단 평가다.

ASML의 경우, 1984년 네덜란드 필립스와 반도체 제조장비기업 ASMI의 합작회

사로 설립됐다. 반도체 산업이 미래 먹거리가 될 것이란 예측하에 전 공정에서 핵심적인 역할을 하는 노광장비 사업을 더욱 키우기 위해 새로운 회사를 만든 것이다. 1995년 증시에 상장한 이후 R&D 규모와 생산시설을 더욱 확장했고, EUV 기술 개발 프로그램에 집중하기 시작했다. 2010년에는 최초의 시제품 EUV 리소그래피 장비 'NXE3100'을 아시아 연구기관에 납품하기 시작했으며, 2012년 주요 고객인 삼성전자, 인텔, TSMC 등의 공동 투자를 받아 EUV 개발을 더욱 가속화했다. 기나긴 연구개발 과정을 거쳐 2017년이 돼서야 당장 산업현장에 투입할 수 있는 양산체제를 갖추게 됐다. 17년간 연구개발에 90억달러(약 10조7000억원)를 투자한 것으로 알려졌다. 긴 연구개발 과정에서 네덜란드뿐만 아니라 독일, 벨기에

세계적 '슈퍼을' 기업인 네덜란드 ASML의 EUV 노광장비.                                    ASML

의 글로벌 부품사와의 협력에도 공을 들이며 오랜 신뢰관계를 구축한 점도 글로벌 슈퍼을 기업으로 도약할 수 있는 힘이 됐다.

일본의 반도체 장비업체 1위 도쿄일렉트론과 탄소섬유 점유율 전 세계 1위를 차지하고 있는 도레이의 경우엔 특유의 장인정신인 '모노즈쿠리' 정신을 강조했다. 모노즈쿠리는 '혼신의 힘을 다해 최고의 제품을 만드는 것'을 의미한다. 해당 용어를 널리 퍼뜨린 후지모토 다카히로 도쿄대 대학원 교수는 1990년대 일본 경제가 악화되며 '제조업의 종말'이란 이야기가 나오던 시기에 역으로 모노즈쿠리의 중요성을 강조했다. 일본이 지난 '잃어버린 20년'의 저성장 늪에서 빠져나올 수 있었던 이유는 이처럼 탄탄한 제조업이 뒷받침하고 있었기 때문이란 분석이 나온다.

**닛카쿠 아키히로**
도레이 CEO

66
# 직원 3명 중
# 1명이
# 연구개발자
99

일본의 탄소섬유 기업 도레이는 전 세계 1위 기업이 되기까지 20년이 넘는 적자를 견디며 연구개발(R&D)에 매진했다.

장래 시장을 개척하기 위해 섬유부문 직원 3명 중 1명은 연구개발자로 둘 정도다. 장기적인 R&D 투자의 중요성에 대해 닛카쿠 아키히로 CEO의 이야기를 들어봤다.

**레이온 사업으로 시작해서 자체 기술로 빠르게 나일론과 아크릴 섬유를 생산하게 된 비결은 무엇인가?**

└, 도레이는 1926년 당시 수요가 확대되던 레이온의 국산화를 목적으로 '동양레이온'이란 이름으로 설립됐다. 당시에는 독일과 영국, 이탈리아 등 유럽 선진 기업이 기술을 선도하고 있었지만, 레이온실 자체 제조를 시작하기 위해 도레이는 선진국에서 기술자를 초빙해 일본인 기술자가 직접 배우게 하면서 기술을 습득해 나갔다.

1938년 10월, 미국 듀폰에 의해 합성섬유 '나일론'이 발표되자 도레이는 합성섬유공업의 장래성을 내다보고 연구를 시작했고, 듀폰과 기술제휴 계약을 맺었다. 계약 선급금은 10억 8000만엔으로 당시 도레이 자본금 7억5000만엔의 거의 1.5배라는 막대한 금액이었지만, 도레이는 합성화학의 장래 발전에 대한 강한 확신이 있어 나일론의 본격 사업화에 전사적으로 임했다. 나일론6 섬유 사업은 1950년대 중반부터 1960년대 초반에 걸쳐 도레이의 핵심을 담당하며 큰 이익을 가져다줬고 이후 도레이 발전의 기반이 됐다. 나일론 고차 가공을 통한 고부가가치 사업은 현재까지 도레이의 '모노즈쿠리'의 원점이기도 하다.

이처럼 도레이는 창업 초기부터 장기적으로 장래를 전망해 끊임없는 연구·기술 개발에 임했다. 기술의 축적으로 새로운 소재를 재빨리 만들어 내고, 한층 더 고도화를 도모해 왔다. 지금도 섬유부문 직원 3명 중에 1명이 연구개발자로, 기술자의 비율을 높게 하는 것이 특징이다.

### 1970년대 오일쇼크와 1980년대 공급과잉으로 인한 섬유산업 침체를 어떻게 극복했나?

┗ 1960년대 도레이의 고수익을 지탱하고 있던 것은 매출액의 절반 가까이를 차지하는 수출이었다. 그러나 1970년대 들어 미·일 섬유협정 체결과 이에 이은 MFA(다자간 섬유협정)에 따른 수출 수량 제한(쿼터) 도입 등 무역관리화와 닉슨 쇼크 이후 엔화 강세가 나타나면서 미국 수출에 의존해 온 일본 섬유산업은 큰 타격을 입었다. 또 오일쇼크에 의해 소비자의 의류에 대한 소비도 줄어들었고 저렴한 봉제품 수입이 증가해 국산품의 국내 시장은 축소돼 갔다. 일본 정부는 1980년대에 걸쳐 도레이를 포함한 합섬 업계에 대해 국내 증설을 억제하는 정책을 폈지만, 이 기간에 한국·대만 등 섬유산업이 급속히 설비를 확장하면서 일본 섬유산업의 국제적 위상은 급속히 후퇴하게 됐다.

이러한 곤경 속에서 도레이는 '합섬사업의 재활성화'를 내걸고 동남아시아(ASEAN)를 비롯한 해외 섬유사업에 힘을 쏟았다. 또 수출에 주력하던 스테디셀러 제품은 가격 경쟁력이 저하되고 쿼터의 제약으로 대량 수출도 곤란해지는 가운데, 고부가가치품의 개발·판매를 강화해 수출 확대에 노력했다. 태국이나 인도네시아, 말레이시아 등 인건비가 저렴한 동남아에 공장을 만들어 가격경쟁력을 높였고, 일본 내에선 부가가치가 높은 섬유를 생산했다. 이러한 과정을 거쳐 수출경쟁력 강화를 위한 해외 생산 거점 구축은 1990년대 이후 현지 생산·판매라는 형태로 발전해 현재 도레이의 글로벌 전략의 기초가 되고 있다.

## 탄소섬유 부문은 어떻게 초기에 재정 적자에서 벗어나 항공·자동차 부품으로 시장을 확대했나?

ㄴ, 미래에 환경 문제나 자원·에너지 문제 해결을 위해서 항공기의 경량화가 필요할 것이란 예측하에 1950년대부터 탄소섬유를 개발해 1971년 세계 최초로 상업 생산에 성공했다. 하지만 안전성이 최우선인 항공기용으로 쓰이기까진 오랜 시간이 걸렸다. 제가 처음 입사했을 당시 탄소섬유의 용도에 대한 앙케트가 있었다. 가볍고 강하기 때문에 테니스 라켓이나 낚싯대, 골프 샤프트, 자전거 등에 활용하기로 했다. 이런 판매 분야에서 말 그대로 푼돈을 벌면서 기술 개발에 투자를 계속했다.

그리고 보잉사와의 오랜 기술 개발 노력으로 1990년에 처음으로 777기 꼬리날개용 1차 구조재료로 쓰이게 됐다. 거기서부터 한층 더 실적을 쌓아, 2011년에 취항한 787기에서는 주익이나 동체에도 전면적으로 도레이의 탄소섬유 복합 재료가 채용돼 본격적인 항공기 용도로 쓰이기 시작했다. 탄소섬유는 금속보다 가볍기 때문에 원래 3만피트를 날 수 있는 787기가 4만피트를 저항 없이 날 수 있게 됐고, 연비도 절감됐다. 습도와 기압

도 올릴 수 있어 비행기 안에서도 건조하지 않게끔 지상과 비슷한 환경을 갖출 수 있다. 최근에는 새롭게 도심항공교통(UAM) 적용을 향한 개발도 진행되고 있어 한층 더 확대가 기대된다.

## 일본의 '모노즈쿠리' 정신은 세계 시장에서 어떤 경쟁력이 있다고 생각하나?

ㄴ, 고성능 제품을 개발 생산하는 건 시간과 비용이 많이 들지만 끈기 있게 장기적으로 경영하는 것이 일본 기업의 특징이라고 생각한다. 연구개발에 긴 시간이 안 걸리는 중국 같은 경우는 합성섬유 범용품을 빠르게 대량으로 찍어낼 수 있어 일본 기업은 양에서 밀릴 수밖에 없다. 하지만 결국 부가가치가 높은 제품을 만드는 것이 우리의 경쟁력이라고 생각한다. 고부가가치 생산은 기술의 축적이 있어야 한다. 중국 기업에서도 탄소섬유를 만들려고 하지만 신뢰성과 성능이 높고 안전성을 갖춘 제품은 만들 수가 없다. 중국뿐만 아니라 유럽과 미국 기업의 경우엔 단기 성과가 중요하기 때문에 1~2년 만에 완성품을 내놓지 못하면 CEO가 자리에서 물러나는 일도 많다. 탄소섬유처럼 10~20년에 걸쳐 연구개발을 하고 기술을 축적할 시간이 없는 것이다. 도레이

는 기술이 성공할지도 몰랐던 시기에 장기적인 연구를 그치지 않고 꾸준히 시간을 투자해 새로운 기술과 제품을 개발할 수 있었다.

## 도레이가 주목하는 미래 신산업은?

ㄴ 자동차, 레이싱카, 슈퍼카 등은 대부분 안전성과 강도가 함께 필요하기 때문에 탄소섬유를 쓰고 있다. 산업용 가스나 수소탱크도 그렇다. 앞으로 탄소중립 흐름에 발맞춰 수소 관련 사업에 집중할 예정이다. 도레이는 2050년까지 '카본 뉴트럴' '서큘러 이코노미' '네이처 포지티브' 그리고 '라이프 이노베이션' 등 4가지 세계를 실현하기 위한 목표를 세웠다. 사용한 페트병을 재활용해 만든 섬유를 사용하는 '펫보틀' 사업을 통해 폐기물을 줄이는 데 기여하고 있다. 또 폴리머 흐름을 최대 10만분의 1까지 나눔으로써 나노 수준에서 매우 미세한 섬유를 만드는 '나노디자인' 기술을 개발했다. 100년 가까운 섬유의 역사에 혁신적인 기술이 활용되면서 우리가 입는 옷의 기능과 질감도 완전히 달라지게 될 것이다.

# 한국에 강소기업이 없는 이유

한국에선 왜 ASML과 같은 '슈퍼을' 기업이 성장할 수 없을까. 한국 기업은 높은 세금과 경직된 규제라는 '코리아 디스카운트'를 적용받고 있다는 지적이 나온다. 한국의 상속·증여세 최고세율은 50%로 일본(55%)에 이어 경제협력개발기구(OECD) 가입국 중 두 번째로 높다. 하지만 최대주주 할증 제도까지 감안하면 한국의 실질 최고세율은 60%로 OECD 최고 수준으로 높아진다.

여기에 더해 OECD 평균보다 높은 소득세, 법인세까지 이중, 삼중 부과되는 과세체계를 가지고 있다. 오랜 기간 기술을 이어온 기업이라도 가업을 이어가기엔 세금 부담이 너무 높아 '백년대계 기업'의 걸림돌로 작용하고 있다는 것이 산업계의 입장이다. 중소기업중앙회에 따르면 일본에는 100년 넘은 장수 기업이 총 3만3079개사로 전 세계에서 가장 많았고, 미국은 1만2780개사, 독일은 1만73개사로 조사됐다. 하지만 한국의 장수기업은 두산, 동화약품, 신한은행, 경방 등 단 10곳에 불과하다. 글로벌 경쟁이 격화되면서 기업의 예상 수명도 갈수록 줄어들고 있다. 한국무역협회 국제무역통상연구원이 2021년 발표한 보고서에 따르면 국내 기업의 평균 수명은 1958년 기준 61년에서 2027년에는 12년 수준으로 대폭 단축될 것으로 예측된다. 이처럼 독자적 기술을 개발하고 혁신 경영을 펼치기도 전에 국내에서 업력을 이어가기가 어렵다. 한국에서 글로벌 강소기업이 성장하기는커녕 기업하기 좋은 환경을 찾아 해외로 떠나가 제조업의 공동화 현상을 가속화하고 있단 우려가 크다.

한국무역협회의 중소기업 설문조사에 따

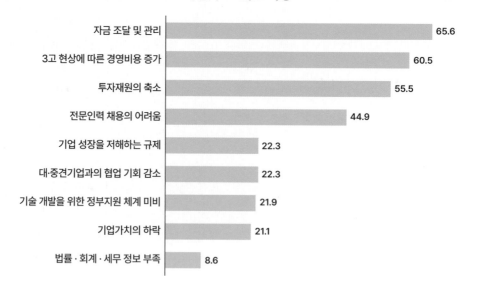

## 기업 주요 애로 사항

(단위=%)

|  |  |
|---|---|
| 자금 조달 및 관리 | 65.6 |
| 3고 현상에 따른 경영비용 증가 | 60.5 |
| 투자재원의 축소 | 55.5 |
| 전문인력 채용의 어려움 | 44.9 |
| 기업 성장을 저해하는 규제 | 22.3 |
| 대·중견기업과의 협업 기회 감소 | 22.3 |
| 기술 개발을 위한 정부지원 체계 미비 | 21.9 |
| 기업가치의 하락 | 21.1 |
| 법률·회계·세무 정보 부족 | 8.6 |

*2022년 기준. 복수 응답.

자료=한국무역협회

한국무역협회, 스타트업계의 지속 성장과 애로 해소를 위한 설문조사.

르면, 경영상의 주요 애로사항으로 '자금 조달 및 관리'(65.6%), '3고 현상에 따른 경영비용 증가'(60.5%), '투자재원의 축소'(55.5%)가 꼽혔다. 그 밖에 '전문인력 채용의 어려움'(44.9%) 및 '정부 규제로 인한 애로'(22.3%)를 호소했다.

이에 따라 가장 시급한 정부지원 정책에 대해서는 'R&D 지원을 위한 정부 자금 투입'(67.2%), '자금조달을 위한 정책금리 도입'(62.9%), '투자유치를 위한 지원'(62.1%) 등을 언급했다.

개선의 필요성이 가장 크다고 생각하는 분야로 '신기술 개발 및 사업화 관련 규제'(69.9%)를 꼽았으며, '투자 유치'(48.0%), '인력 고용'(30.1%) 등에 관련된 규제가 뒤를 이었다.

강력한 소재·부품·장비 기업들이 포진해 있는 일본의 경우 1963년 일찍이 '중소기업기본법'을 제정해 대기업에 비해 불리한 환경에 처한 중소기업을 정책적

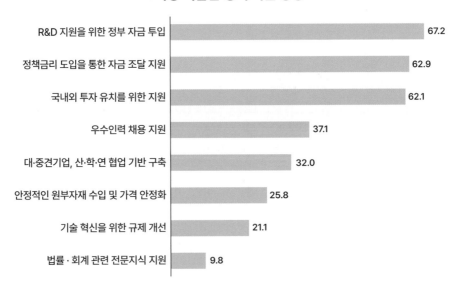

## 가장 시급한 정책 지원 방향

(단위 = %)

|  |  |
|---|---|
| R&D 지원을 위한 정부 자금 투입 | 67.2 |
| 정책금리 도입을 통한 자금 조달 지원 | 62.9 |
| 국내외 투자 유치를 위한 지원 | 62.1 |
| 우수인력 채용 지원 | 37.1 |
| 대·중견기업, 산·학·연 협업 기반 구축 | 32.0 |
| 안정적인 원부자재 수입 및 가격 안정화 | 25.8 |
| 기술 혁신을 위한 규제 개선 | 21.1 |
| 법률 · 회계 관련 전문지식 지원 | 9.8 |

* 복수 응답.

으로 육성했다. 당시 자동차, 전기 등 조립기계 산업이 대량생산을 하던 시기 중소기업·대기업 간의 격차시정이 중요한 과제로 대두되면서, 중소기업에 대한 세제 혜택과 보조금 등 대폭 지원책을 펼쳤다. 경기 침체기에 들어선 1999년에는 중소기업기본법 개정을 통해 중소기업의 활력과 경영 혁신을 뒷받침했다. 정부지원책뿐만 아니라, 개별 중소기업들이 대기업에 종속된 하청기업으로 남아 있지 않고 세계 시장에서 끊임없이 수요처를 발굴하며 일류 기업으로 성장하려는 노력이 있었다. 일본에선 이 같은 강소기업이 경제의 든든한 버팀목 역할을 하며 장기 불황을 이겨낼 수 있었다.

# 세계 1위 강소기업의 비밀

해외 사례를 통해 알 수 있듯 세계적 강소기업을 키우기 위해선 정부 주도의 적극적인 R&D 투자와 금융지원책이 필수적이다. 한국의 국내총생산(GDP) 대비 R&D 지원액 비중은 이스라엘에 이어 세계 2위를 기록하고 있지만, 기술개발이 사업화로 이어져 성공하는 비율은 절반도 되지 않는다. 국내 R&D 지원은 단발성 현금 지원에 초점을 맞추고 있는데, 이보단 사후 세액공제를 통해 속도감 있는 R&D 지원이 필요하단 지적이 나온다.

정만기 한국무역협회 부회장은 "현금으로 R&D를 지원하는 것은 기술과제를 만드는 데 시간이 많이 걸리고, 연구 주체 선정을 공정하게 하느라 또 1년이 날아가 그 기술은 이미 필요 없어진다"며 "대만에선 반도체 세액공제를 통해 기술개발을 모두 기업에 맡기고 사업자 선정 과정이 없으니 즉각 효과가 나올 수 있다"고 설명했다. 또 "유럽연합(EU)의 경우엔 17개 분야에 한정해서 R&D 투자를 하고 있는데 한국은 수백 개 산업에 흩어지고 있다"며 "기업 혼자서 해결하지 못하는 자금 문제를 돕기 위해 정부가 선택과 집중을 해야 하고, 소부장 강소기업 육성도 모두 성공적인 R&D가 필수적"이라고 했다.

또 현재 3년 평균 매출액 5000억원 미만 중견기업에만 적용되는 R&D 세액공제를 전체 중견으로 확대해야 한다는 목소리가 나온다. 기획재정부가 발표한 '2022년 세제개편 후속 시행령 개정안'에 따르면 중견기업의 R&D 세액공제는 3년 평균 매출액 5000억원 미만, 시설투자 등 통합투자 세액공제는 3년 평균 매출액 3000억원 미만에만 적용된다. 그 이상 매

## 슈퍼乙 기업 정부 지원 방안

| R&D 지원 내실화 | No.1 기술사업화 펀드 | 경쟁국보다 나은 기업환경 조성 |
|---|---|---|
| · 현금지원보단 세액공제<br>· 속도감 있는 R&D 지원 | · 민관합동 펀드 10조원 조성<br>· 혁신조달 예산 1000억원으로 | · 세액공제율 OECD 평균 수준으로<br>· 첨단산업 10년간 법인세 면제 |

출액은 대기업 세액공제 기준이 적용된다. 한국중견기업연합회는 "R&D 및 투자 세제 지원이 기업 규모 및 매출에 따라 차등 지원돼 글로벌 경쟁력을 키우는데 한계가 있다"며 지원 대상을 전체 또는 매출액 2조원 미만 중견기업으로 확대할 것을 건의했다. 중견련은 기재부 개정안이 반도체산업 세제 지원과 관련해 대기업이 주로 수행하는 첨단 및 전공정에 집중돼 소부장 위주의 중견기업은 지원 대상에서 배제되고 있다고도 지적했다. 중견련은 "반도체 경쟁력을 제고하려면 후공정 기술을 통합투자 세액공제 국가전략기술에 추가해 중견기업의 투자 혁신을 도모해야 한다"고 요청했다.

이어서 대규모 R&D가 사업화까지 성공적으로 이어질 수 있도록 '넘버원 기술사업화 펀드' 조성을 제안한다. 지난해 3조원 규모로 조성된 민관합동 기술사업화 펀드를 10조원까지 확대해 단기 성과는 낮지만 잠재력이 큰 벤처 · 스타트업까지 지원할 필요가 있다. 정부가 먼저 민간의 새로운 기술을 사들이는 혁신조달 예산도 현재의 두 배 이상인 1000억원으로 늘려야 한다. 예산 확대를 통해 현재 3년인 지정 기간을 연장하고, 해외 조달 시장까지 연계를 강화할 수 있을 것이다. 국내 중소 · 벤처기업과 글로벌 기업 간 R&D 단계부터 협업을 적극 지원해 해외 초기 판로를 확보하도록 도와야 한다.

현재 시장을 주도하는 기업들이 미래에 지속해서 생존하려면 스타트업과 협업하는 '기업 벤처링'을 적극적으로 추진해야 한다는 주장도 나온다.

오카바야시 오사무
레이저텍 CEO

66

# 신기술 개발 위한
# 국가 지원의 중요성

99

일본의 레이저텍은 세계 유일한 EUV 블랭크 마스크(아무런 패턴이 없는 마스크) 검사장비 업체다.

반도체 전공정 중 가장 중요한 노광 단계에 사용되는 EUV 마스크 결함 여부를 검사하는 역할을 한다. 이 같은 혁신 기술 개발의 배경에는 강력한 정부 지원이 있었다. 2011년 일본의 국립 연구개발법인 신에너지산업기술종합개발기구(NEDO)의 프로젝트 컨소시엄인 'EIDEC'에 참가해, EUV 광원을 사용한 블랭크 마스크 검사 시스템을 개발했다. 독점 기술 개발로 슈퍼을 기업으로 성장할 수 있었던 배경에 대해 오카바야시 오사무 CEO의 이야기를 들어봤다.

## EUV 블랭크 마스크 검사장비 기술은 어떻게 개발할 수 있었나?

ㄴ, 우리 회사는 1960년대부터 2000년대까지 매출이 크게 늘지 않았고 반도체 시장의 성장세 이상으로 성장할 수 없었다. 2000년에는 반도체 소재 제조업체, 평판디스플레이(FPD) 패널, 마스크 제조업체가 주 고객이었고, 지금과 달리 반도체 웨이퍼 제조공장(팹 · Fab)에는 제품을 거의 넣치 않았다.
2009년에는 당시 매출의 절반가량을 차지하던 FPD 컬러필터 개질기 사업에서 손을 떼고 대신 반도체 부문, 특히 디바이스 제조사용 마스크 검사장비와 웨이퍼 검사장비에 주력하기 시작했다. 2019년 이후 더욱 인기를 끌고 있는 극자외선(EUV) 마스크 관련 검사장비와 최근 실리콘카바이드(SiC) 웨이퍼 검사장비로 성장하고 있다.

레이저텍의 성장을 견인한 EUV 마스크 검사장비는 고객사들로부터 기술 요청을 받아 개발을 시작했다. 2011년에 NEDO의 프로젝트 컨소시엄인 EIDEC에 참가해, EUV 광원을 사용한 블랭크 마스크 검사 시스템을 개발했다. 이 기술을 제품화한 'ΛBICS E120'을 발표한 것이 2017년이라 연구개발에만 6년 이상의 기간이 걸렸다. 이후 고객 주문으로 2019년 'ACTIS A150'을 발표했다. 당시 EUV 리소그래피 자체가 양산될지는 확신할 수 없었지만, 장기적 안목에서 경영 자원을 투입하기로 하고 개발에 뛰어들었다. 전 세계 고객들이 어려움에 처했을 때 가장 먼저 이야기를 나누는 회사가 되겠다는 우리 회사의 비전이 반영된 결과라고 생각한다.

### 레이저텍의 주요 국가별 매출 비중은 어떻게 이뤄져 있나?

└, 2022년 6월 기준 매출 10% 이상 고객은 인텔, 삼성전자, TSMC 등이다. 이 세 회사가 매출액에서 차지하는 비율은 76.5%였다. 지역별로는 미국 33.3%, 한국 25.8%, 대만 21.3%, 일본 10.9%, 기타 아시아(중국 포함) 7.4%, 유럽 1.2%였다.

### 앞으로 반도체의 미세공정화에 따른 성장 전략은 무엇인가?

└, 반도체 공정의 미세화와 함께 레이저텍도 계속해서 성장할 수 있다고 믿는다. 스마트폰 · PC, 네트워크 및 데이터센터(AI, 빅데이터, 클라우드, 메타버스 등 서비스 기반), 자율주행용 최첨단 반도체, 전기차용 전력반도체 등의 수요가 지속적으로 증가할 것이기 때문이다.

나아가 반도체의 미세화와 신구조, 신소재 반도체의 등장으로 레이저텍은 지속적으로 실적을 개선하고 에너지를 절약할 것이며, 새로운 사업 기회를 찾을 것이다. 예를 들어 차세대 EUV 리소그래피 기술인 '하이 NA(High NA)' EUV를 들 수 있다. 우리는 High NA를 지원하는 제품 개발도 적극적으로 추진하고 있다. 또 반도체의 중요성이 세계적으로 인정받고 있고 여러 지역에서 공장 유치와 신규 설비 건설 계획이 나오고 있기 때문에, 이

또한 우리 사업에 긍정적인 성장 기회가 될 것으로 생각한다.

## 최근 글로벌 공급망 이슈로 인한 부정적인 영향은 없었나?

┗ 일부 부품을 구하기 힘들 때도 있었지만 지금까지 큰 영향을 미치지는 않았다. 다만 우리가 만드는 장비에 사용되는 부품의 가격이 상승했기 때문에 장비에 가격을 전가하려고 하고 있다. 장비에 대한 수요가 강력한 탓에 제조 능력이 따라잡지 못하고 있으며, 배송까지 긴 시간이 걸려 고객들에게 불편함을 끼치고 있다. 레이저텍은 지속적으로 용량 확대를 위해 노력하고 고객에게 적절한 시기에 제품을 제공할 수 있도록 노력할 것이다.

## 레이저텍의 중장기 목표는 무엇인가?

┗ 우리의 힘을 보여주고 세계에 기여할 수 있는 영역을 확대하고 싶다. 오늘날 우리의 주력 시장인 반도체 산업에 더 많은 것이 올 것이라고 생각한다. 반도체 외에도 예를 들어 리튬이온전지의 전기화학 반응 가시화 시스템을 상용화하고 있다. 앞으로도 고객과의 신뢰관계를 지속적으로 구축하여 고객이 어려움에 처

했을 때 가장 먼저 말을 걸어주는 기업으로 성장해 나갈 계획이다.

# 이과 우수 학생 모조리 의대로

G5 제조강국 도약을 위한 AI팩토리 전환과 슈퍼을 강소기업 육성을 달성하기 위해선 우수한 인재가 필수적이다. 하지만 제조 현장은 인력 부족으로 신음하고 있다. 고령화에 따른 생산연령인구 감소로 제조업 산업기술인력이 점차 줄어드는 데다가, 이공계 인재들이 제조업이 아닌 빅테크 기업을 선호하거나 의약 계열로 빠져나가고 있기 때문이다. 산업통상자원부와 한국산업기술진흥원의 '2022년도 산업기술인력 수급 실태조사' 결과에 따르면 12대 주력산업 중 산업기술 전체 인원 대비 부족 인원의 비중은 소프트웨어(21.5%), 전자(18.7%), 화학(14.9%), 기계(14.4%) 순으로 높았다. 전체 부족 인원 중 중소 규모 사업체의 부족 인원이 92.0%로 대부분이었고, 2.6%는 중견 규모에서, 5.4%는 대규모 사업체에서 발생했다. 사업체 규모가 작아질수록 부족률도 높아 특히 중소기업이 산업기술인력 확보 및 조달에 애로를 겪는 것으로 나타났다.

젊고 새로운 인력이 유입되지 않다 보니 제조업 현장은 점차 늙어가고 있다. 전국경제인연합회의 '제조업 근로자 고령화' 보고서에 따르면, 한국 제조업은 인력 고령화 현상이 빨라지면서 종사자 10명 중 3명 이상이 50대 이상 고령자인 것으로 조사됐다. 2011년부터 2021년까지 청년 근로자(15~29세)의 비중은 6.1%포인트 감소한 14.8%에 그친 반면, 50세 이상 비중은 18.9%에서 31.9%로 13%포인트 증가했다. 한국 제조업 근로자의 고령화 속도는 미국과 일본보다 훨씬 빠른 것으로 나타났다. 조사 기간 한국의 제조업 근로자 평균 연령은 3.8세 늘어 43세가 됐는

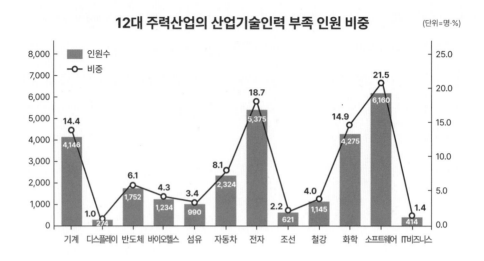

## 12대 주력산업의 산업기술인력 부족 인원 비중

(단위=명·%)

- ■ 인원수
- -O- 비중

| 산업 | 인원수 | 비중 |
|---|---|---|
| 기계 | 4,146 | 14.4 |
| 디스플레이 | 274 | 1.0 |
| 반도체 | 1,752 | 6.1 |
| 바이오헬스 | 1,234 | 4.3 |
| 섬유 | 990 | 3.4 |
| 자동차 | 2,324 | 8.1 |
| 전자 | 5,375 | 18.7 |
| 조선 | 621 | 2.2 |
| 철강 | 1,145 | 4.0 |
| 화학 | 4,275 | 14.9 |
| 소프트웨어 | 6,160 | 21.5 |
| IT비즈니스 | 414 | 1.4 |

*2022년 기준, 12대 주력산업 전체 대비 각각의 비중.

자료=산업통상자원부·한국산업기술진흥원

산업통상자원부·한국산업기술진흥원, 2022년도 산업기술인력 수급 실태조사.

데, 같은 기간 일본은 1.5세 증가한 43.1세, 미국은 0.1세 증가한 44.2세에 그쳤다. 2022년 이미 일본 제조업 근로자의 평균 연령을 추월했고, 이런 추세가 이어지면 2025년에는 미국마저 넘어설 것으로 전망된다. 추광호 전경련 경제본부장은 "근로자 고령화가 심해지는 상황에서는 근속연수에 따라 임금이 상승하는 호봉제가 아니라, 직무능력 또는 직무가치에 따라 임금을 정하는 직무급·직능급제로 전환해야 한다"고 밝혔다. 또 "청년 근로자 고용 확대를 위해서 대학 교육 제도를 혁신하여 산업 수요에 맞는 인재를 육성함은 물론, 경직된 노동시장의 유연화를 통해 진입 문턱을 낮춰야 한다"고 덧붙였다.

제조업 현장에서 당장 소프트웨어 등 첨단 기술을 다룰 인력이 부족하지만, 이공계 인재들은 공대가 아닌 의약계나 해외 빅테크 기업 등 대우가 더 좋은 곳으로 빠져나가는 상황이다. 종로학원에 따르면 삼성전자, SK하이닉스 취업이 보장된 서울 주요 반도체학과도 합격 인원 전원이 포기해 △연세대 4차 △고려대 3차 △

## 제조업 근로자 고령화 보고서(2022)

(단위=세)

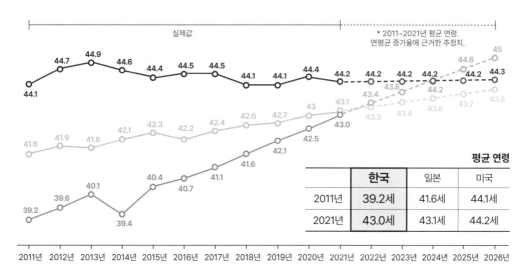

○ 한국  ○ 일본  ● 미국

실제값

\* 2011~2021년 평균 연령.
연평균 증가율에 근거한 추정치.

미국: 44.1 → 44.7 → 44.9 → 44.6 → 44.4 → 44.5 → 44.5 → 44.1 → 44.1 → 44.4 → 44.2 ┈ 44.2 → 44.2 → 44.2 → 44.6 → 45

일본: 41.6 → 41.9 → 41.8 → 42.1 → 42.3 → 42.2 → 42.4 → 42.6 → 42.7 → 43 → 43.1 ┈ 43.3 → 43.4 → 43.6 → 43.7 → 43.9

한국: 39.2 → 39.6 → 40.1 → 39.4 → 40.4 → 40.7 → 41.1 → 41.6 → 42.1 → 42.5 → 43.0 ┈ 43.4 → 43.8 → 44.2 → 44.2 → 44.3

| 평균 연령 | **한국** | 일본 | 미국 |
|---|---|---|---|
| 2011년 | **39.2세** | 41.6세 | 44.1세 |
| 2021년 | **43.0세** | 43.1세 | 44.2세 |

2011년 2012년 2013년 2014년 2015년 2016년 2017년 2018년 2019년 2020년 2021년 2022년 2023년 2024년 2025년 2026년

\*연평균 증가율: 한국(0.93%), 일본(0.35%), 미국(0.02%)

자료=전국경제인연합회

서강대 6차 △한양대 3차까지 추가 합격을 발표하기도 했다. 이공계 최상위 학생의 경우 반도체학과에 합격해 취업이 보장되고 장학금까지 지원받더라도 지방대 의대를 선택하는 분위기다. 대기업에 취업에 이른 나이에 퇴직하기보다 전문직에 종사하면서 정년 걱정 없이 고소득을 벌 수 있단 이유에서다. 2022학년도 정시 합격자 통계를 보면 서울대 컴퓨터공학과와 강원대 의대, 충북대 의대 합격자의 수능 평균 백분위 점수가 같을 정도다. 1970~1980년대 이공계열 최상위 학과는 서울대 전자공학, 기계공학, 물리학 등이었지만, IMF 이후 기업들의 구조조정으로 과학기술자에 대한 보상과 직업안정성이 떨어진단 인식이 커진 것으로 분석된다.

해외로 유출되는 이공계 인재도 적지 않

**주요 대학 반도체학과 수시 추가 모집 현황**

| 대학 | 학과 | 계약 기업 | 수시 모집 정원 | 추가 합격 인원 | 추합 차수 |
|------|------|-----------|----------------|----------------|-----------|
| 연세대 | 시스템반도체공학과 | 삼성전자 | 40명 | 72명 | 4차 |
| 고려대 | 반도체공학과 | SK하이닉스 | 20명 | 24명 | 3차 |
| 서강대 | 시스템반도체공학과 | SK하이닉스 | 20명 | 47명 | 6차 |
| 한양대 | 반도체공학과 | SK하이닉스 | 24명 | 36명 | 3차 |

*2023년 기준        자료=종로학원

다. 김영주 더불어민주당 의원이 2022년 과학기술정보통신부로부터 받은 '연도별 이공계 학생 유출입 현황'을 보면 2012~2021년 10년간 해외로 떠난 이공계 유학생이 34만6239명에 달했다. 또 과기정통부와 한국과학기술기획평가원(KISTEP)이 실시한 '2020 이공계인력 육성·활용과 처우 등에 관한 실태조사'에서 이공계 박사의 22.8%는 해외 취업을 선호하는 것으로 나타났다. 스위스 국제경영개발연구원(IMD)이 2021년 발표한 '두뇌유출지수'에 따르면, 한국은 4점을 기록해 주요 64개국 중 43위를 차지했다. 두뇌유출지수는 10점에 가까울수록 국내에 취업한 인재가 많고 0점에 가까울수록 해외로 빠져나간 인재가 많다는 걸 의미한다. 미국(6.8점·6위), 독일(6.6점·9위), 일본(5.2점·27위) 등 주요국에 비해서도 인재 유출 정도가 심각한 수준이다. 전 세계 기업들이 인재 유치를 위해 고연봉 등 파격적 근무조건을 내걸면서 국내 인력이 미국과 중국 등으로 빠져나가는 것으로 보인다.

# MIT와 카이스트는 무엇이 다를까

제조 인력 양성의 산실인 공대의 글로벌 경쟁력 또한 정체돼 있다. 2022년 QS 세계 공과대학(Engineering and Technology)

## 2022 QS 세계 공과대학 순위

| 순위 | 대학 |
|------|------|
| 1 | 매사추세츠공과대(MIT) |
| 2 | 케임브리지대 |
| 3 | 옥스퍼드대 |
| 4 | 난양공대 |
| 5 | 스탠퍼드대 |
| 6 | ETH취리히 |
| 7 | 싱가포르국립대 |
| 14 | 칭화대 |
| 17 | 도쿄대 |
| 19 | 뮌헨공대 |
| 20 | 카이스트 |

순위에 따르면 국내 대학 중 가장 순위가 높은 곳은 20위 카이스트로 나타났다. 미국 대학에 이어 싱가포르, 스위스, 중국, 일본 대학 등에 비해 뒤처진 모습이다. 그밖에 서울대(34위), 고려대(76위), 포스텍(79위), 연세대(96위)가 100위권 안에 들었다. 국내 대학들은 대부분 글로벌 연구기관과 어느 정도 협력하는지를 나타내는 국제연구네트워크 점수가 크게 낮은 것으로 나타났다.

한국 공대의 발목을 잡는 요인으론 글로벌 교원 유치 어려움, 첨단학과를 막는 대학 정원 규제, 낮은 산학협력 점수 등이 꼽힌다.

첫 번째로, 국내 대학 정교수의 평균 연봉은 미국 MIT, 캘리포니아공대 등 유수 대학에 비해 절반 수준인 것으로 나타난다. 글로벌 인재를 교원으로 영입하

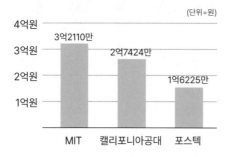

## 정교수 평균 연봉

(단위=원)

- MIT: 3억2110만
- 캘리포니아공대: 2억7424만
- 포스텍: 1억6225만

### WEF 글로벌 산학협력 평가

| 순위 | 국가 | 점수 |
|---|---|---|
| 1 | 스위스 | 5.8 |
| 4 | 미국 | 5.6 |
| 8 | 독일 | 5.4 |
| 11 | 말레이시아 | 5.2 |
| 18 | 일본 | 4.8 |
| 29 | 한국 | 4.4 |

## 미 스탠퍼드대와 서울대 컴공과 인원 비교

(단위=명)

- 스탠퍼드대
- 서울대

| 연도 | 스탠퍼드대 | 서울대 |
|---|---|---|
| 2008년 | 141 | 55 |
| 2018년 | 739 | 55 |
| 2022년 | 745 | 80 |

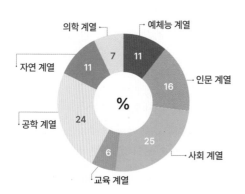

## 2022년 대학 계열별 입학정원

- 예체능 계열 11
- 인문 계열 16
- 사회 계열 25
- 교육 계열 6
- 공학 계열 24
- 자연 계열 11
- 의학 계열 7

고 싶어도 보상 문제가 가장 큰 걸림 돌로 작용하고 있다. 미국대학교수연합회(AAUP)에 따르면 2021년 가을학기 기준 MIT 평교수 연봉은 25만5600달러(약 3억2110만원), 캘리포니아공대 21만8300달러(약 2억7424만원) 등으로 집계됐다. 반면 강병원 더불어민주당 의원실의 '2020년 전국 4년제 대학별 교원 연봉' 자료에 따르면 국내 주요 대학 교수 연봉은 포스텍 1억 6225만원, 서울대 1억1842만원 등으로 MIT의 절반에 미치지 못했다.

글로벌 교원을 국내 대학으로 끌어들이기 위해선 등록금에만 기댄 대학 재정 구조를 개혁하고 예산을 대폭 확충해야 할 것이다. 현재 국내 대학들은 재정 절반 이상을 등록금에

## 주요 대학별 발전기금

| 순위 | 대학 | 발전기금 규모 (단위=천달러) |
|---|---|---|
| 1 | 하버드대학 | 49,444,494 |
| 2 | 텍사스대학 | 42,668,276 |
| 3 | 예일대학 | 41,383,300 |
| 4 | 스탠퍼드대학 | 36,300,000 |
| 5 | 프린스턴대학 | 35,794,186 |
| 6 | MIT | 24,739,862 |

*2022년 기준.                                    자료=NACUBO

의존하고 있다. 물가 상승과 학령인구 감소에도 불구하고 대학 등록금이 2009년 이후 15년째 동결되면서 대학들은 재정난을 호소하는 상황이다. 한편 하버드, 스탠퍼드 등 해외 유수 대학들은 막대한 규모의 기부금을 활용한 투자수익만 수조 원에 달한다. 미국대학사업협회(NACUBO)에 따르면 2022년 6월 말 기준 하버드의 발전기금이 494억달러로 가장 많았고, 그다음으로 텍사스(426억달러), 예일(413억달러), 스탠퍼드(363억달러), 프린스턴(357억달러), MIT(247억달러) 순이었다.

또 미국 주요 사립대학들은 수십조 원 규모의 발전기금을 활용해 주식, 채권, 펀드, 부동산 등에 적극적으로 투자해 10년

연평균 10% 내외의 수익률을 내고 있다. 하버드대는 기금운용사인 하버드매니지먼트컴퍼니(HMC)를 통해 2021 회계연도에 33.6%의 수익률을 기록했다. 스탠퍼드대의 스탠퍼드매니지먼트컴퍼니(SMC)도 같은 기간 40.2% 투자수익률을 달성했다. 반면 대학알리미에 따르면 국내 주요 사립대학의 2021년 기준 적립금은 홍익대가 7288억원으로 가장 많았고 이화여대(6351억원), 연세대(5738억원), 수원대(3771억원), 고려대(3192억원) 순이었다. 서울대는 약 5000억원으로 이 중 원금을 보존해야 하는 기본재산인 약 3000억원을 제외한 2000억원만 투자 대상이다. 미국 대학에 비해 규모가 작을뿐더러 주로 원금 보존 위주의 금융상품에 투자가 이뤄져 수익률이 높지 않단 지적이다. 해외 대학처럼 기금 운용 전문가를 고용하거나 외부위탁운용(OCIO)을 통한 투자를 고려해볼 만하다.

넘치는 초·중·고 예산을 고등교육으로 끌어오도록 지방교육재정교부금을 개편해야 한다는 목소리도 힘을 얻고 있다. 현재 내국세의 20.79%가 일률적으로 지방교육재정교부금으로 교부돼 시·도교육청의 유치원과 초·중·고 교육을 위해 활용되고 있는데, 세수 증가와 학령인

구 감소로 학생 1인당 재정이 더욱 커지면서 고등교육 예산과의 격차가 더욱 확대되고 있기 때문이다. 김학수 KDI 재정·사회정책연구부장은 최근 지방교육재정교부금에 관한 보고서에서 "현재의 지방교육재정교부금은 초·중·고 교육에만 사용되도록 제한돼 있어서 같은 교육 분야 내의 고등교육 지원에도 활용되지 못하고 있다"며 "지방교육재정교부금 제도의 경직성과 등록금 규제 등 고등교육정책의 실패로 인해 소득 대비 1인당 고등교육 투자는 OECD 하위권 수준이고 초·중·고 교육 투자는 세계 1위 수준이라는 기형적인 재원 배분 결과가 만들어졌다"고 밝혔다. 2023년부터 고등·평생교육 지원특별회계가 신설되고, 정

부가 대학혁신지원사업 등 일반재정지원사업을 확대하고 있지만 대학의 재정 여건을 개선하기에는 역부족이란 지적이 나온다. 정부는 당초 고등교육 특별회계에 교육세 전입금을 3조원으로 발표했지만, 국회 논의 과정에서 야당의 반발로 1조5200억원으로 반 토막 났다. 전체 예산은 여기에 정부 고등교육 예산 8조원, 추가 지원 2000억원을 합한 총 9조7000억원 규모다. 하지만 특별회계가 3년 동안 한시적으로 설치돼 재정이 충분하지 않고 제한적이란 지적이 나온다.

또 수도권 대학 정원 총량을 약 1만7000명으로 묶어둔 탓에 컴퓨터공학과 등 학생 수요가 많은 첨단학과 정원을 쉽게 늘릴 수 없다. 미국 스탠퍼드대가 컴퓨터공학과 정원을 141명에서 745명으로 5배 이상 늘릴 때 서울대는 55명에서 80명으로 소폭 늘어난 수준이다. 최근 이 때문에 대학에서 양성하는 STEM(과학·기술·공학·수학) 인력이 산업현장 수요에 탄력적으로 대응하기 어렵단 지적이 나온다. 한국은 1982년부터 40년 넘게 수도권정비계획법 등에 따라 수도권 대학 정원을 규제하고 있다. 인구집중유발시설로 분류된 수도권 대학은 전체 정원 총량이 1999년부터 11만7000명으로 제한

돼 있다. 대학들은 입학정원 내에서 학과 간 정원을 조정하거나 결손 인원 등 여유분을 활용해서 특정 학과의 정원을 늘릴 수 있지만, 정원 총량 이상으론 불가능하다. 2023년 시행되는 국가첨단전략산업법 개정안에는 '수도권 대학 정원 규제와 무관하게 반도체학과를 증원할 수 있다'는 내용이 담기기로 했지만, 당정 협의 과정에서 '수도권대 특혜, 지방대 소외'라는 야당 반대로 대학 내 정원에서 조정하는 방향으로 후퇴했다.

한편 최근 일본은 디지털 인재 수요에 대응하기 위해 도쿄 중심부 소재 대학의 정원 규제를 6년 만에 완화하겠다고 발표했다. 이르면 2024년부터 도쿄 중심부인 23구 지역 대학의 디지털 관련 학부와 학과 정원 규제를 완화할 방침이다. 한국에서도 이름이 알려진 도쿄대, 와세다대, 게이오대 등 상당수 명문대가 도쿄 중심부에 있다. 일본은 2018년부터 10년간 지역대학진흥법에 따라 지방대학 활성화 및 수도권 집중 방지를 위해 도쿄 중심부 대학의 정원 확대를 금지하는 정책을 펴왔다. 이에 대해 도쿄의 사립대를 중심으로 "시대에 대응한 인재를 육성할 수 없다"며 규제 철폐 및 완화 요구가 지속적으로 제기돼 왔다. 한국을 제외하면 특정 지역의 대학 정원을 묶는 규제를 시행하는 나라가 드물다는 점도 영향을 미친 것으로 보인다. 이에 따라 일본 대학에서는 최근 데이터 과학 관련 학부를 신설하는 움직임도 일고 있다. 닛케이는 "72년 만에 새로운 학부를 만드는 히토쓰바시대를 포함해 최소 17개 대학이 2023년에 데이터 과학, 정보 관련 학부와 학과를 만든다"며 "데이터 과학 학부와 학과의 정원은 1900명 정도 증가해 약 2만1600명이 될 것"이라고 전했다.

홍유석
서울대 공과대학 학장

66

# 산학 협력으로
# 첨단 제조인력
# 배출하자

99

줄어드는 학령인구, 제조업계 인력난 속에
서 첨단 제조 인재 양성을 위한 대학의 역할
론이 그 어느 때보다 강조되고 있다.

서울대 공대를 이끄는 홍유석 학장
(산업공학과)의 이야기를 들어봤다.
홍 학장은 2022년 6월 서울대 공대
31대 학장으로 취임한 이후 공과대
학의 다양한 혁신과 꾸준한 행보를
이어가고 있다.

### 학생들의 제조업 기피 현상을 어떻게
### 보는가?

└ 공대생들이 자퇴하고 반수, 재수
해서 의대로 간다는 이야기가 많이
나오는데, 예전부터 있었던 일이지만
최근 코로나19 세대에서 더욱 부각
되고 있다. 비대면 수업을 하면서 공
대의 실험실습을 접할 기회가 사라졌
고, 관심이 떨어지면서 시험을 다시
쳐 의대를 가게 되는 것이다.
제조업에 있어선 최상위 인력부터 학
사 졸업생 등 다양한 단계의 인력이
필요하다. 예전부터 서울대 전기정보
공학부, 화학부, 물리학과, 재료공학
부에서 반도체 인력이 많이 나왔는
데, 요즘엔 모두 인공지능(AI) 관련
진로를 가고 싶어 한다. 반도체는 현
장이 대부분 지방에 있고, AI업계보
다 연봉 등 근로조건이 좋은 것도 아
니기 때문이다. 학계의 역할도 중요

하지만, 이런 면에서 제조업 기피 현상은 산업계도 함께 책임져야 하는 일이라고 생각한다.

제조업은 언젠가부터 새로운 인재가 잘 유입되지 않는 구조가 됐다. 최첨단 공정에서도 그렇고, 기능공에서도 그렇다. 제조업으로 오지 않고 배달과 택배 업무가 더욱 인기인 상황이다. 대학에서 양성하는 인력도 학부 졸업생이나 연구 중심의 석·박사 인력으로 제한적인 탓에 다양한 레벨의 인력이 제조업으로 유입되지 못하고 산업 자체가 나이 들어가는 현상을 피할 수 없다. 예전엔 제조업을 하는 것을 자랑스럽게 생각했는데, 이젠 그런 자부심이 사라진 것이다. 제조업을 다시 매력적인 직업으로 만들기 위해선 스마트팩토리 등을 적극적으로 도입해 제조업의 수준을 높여야 한다.

### 기업의 역할도 중요하다고 보는 건가?

ㄴ, 기술 인력을 대학에서만 책임질 순 없고, 기업과 함께해야 한다. 학생들이 자발적으로 갈 수 있는 사회 분위기가 중요하다. 학교와 기업이 담을 쌓지 말고 첨단기술 개발 등에서 협력해 교수와 연구원이 자유롭게 교류하는 것도 필요하다. 최첨단 기술 개발에는 상위권 대학들이

연구 역할을 해줘야 한다. 기업에선 고급 인력에 걸맞은 대우를 해줘야 한다.

지금까진 산업화 시대를 겪으며 대기업 주도로 정부가 지원하고 대규모 투자를 이뤄내며 발전해왔지만, 앞으론 바뀔 것이라고 생각한다. 앞으로는 우리가 보지 못한 새로운 산업이 등장할 텐데, 학생들로 하여금 창업에 대해 도전을 할 생각이 들게 해야 한다. 제조 창업에 학생들이 많이 도전해야 하지만 익숙하지도 않고 학교에서도 제조업 공정에 대한 전공교수조차 많지 않은 게 현실이다. 산업현장의 제조업 프로세스를 대학에서 많이 가르치지 않는다. 그러다보니 학생들의 관심도 떨어질 수밖에 없다.

### 빅테크 등 산업계 우수 인력의 교원 유치도 어려운 문제로 꼽힌다.

ㄴ, 세계적인 빅테크 기업에 가는 것과 서울대 교수로 오는 것은 대우가 비교가 안 될 정도로 차이가 난다. 교수 대우도 완전히 달라져야 하고 특수한 분야는 파격 대우를 해줄 수 있는 체제가 돼야 도움이 될 것이다. 스탠퍼드대, 매사추세츠공대(MIT)와 같은 세계적인 대학과 어깨를 나란히 하려면 지금보다 10배, 20배가 넘는 발전기금이 필요한 것이 현실이다. 미

국의 경우 교수가 후원을 받는 재단 이름을 쓰기도 하는데, 한국으로 치면 삼성석좌교수, 포스코석좌교수라는 직함을 달게 되는 셈이다. 하지만 한국에선 국립대학 권위가 너무 강조되다보니 대학의 상업화에 대한 우려가 커 교수와 산업계의 연결이 쉽진 않다. 서울대 내에서도 교수의 기업체 임직원 겸직이 원칙적으론 가능하지만, 여전히 찬반양론이 있어 실제 변화엔 시간이 걸릴 것으로 보인다.

## 수도권 학생 정원 규제로 인한 어려움은 없나?

└, 교육부에서 학과마다 학생 정원을 정해서 주는데, 대학마다 사정이 다름에도 불구하고 교육부와의 협의 과정이 부족하다고 생각한다. 똑같은 절차대로 나뉘는 게 아니라 학교마다 특수성을 고려한 전략이 필요할 것이다. 한정적인 수도권 대학 정원을 풀어주는 것이 희망사항이긴 하지만, 학령인구가 줄어드는 상황에서 지방대 소멸이 더욱 빨라지고 있기 때문에 수도권 대학과 지방대가 함께 가는 방안을 고려해야 한다. 서울대는 지방거점국립대와 함께 교육과 연구 부문에서 협력하고자 노력하고 있다. 국내 교류학생도 서울대 정원 10%로 제한돼 있었

지만 50%로 늘어났고, 혁신공유대학 사업도 적극적으로 하고 있다. 지방대를 잘 키운다면 그곳에서도 제조업 인력이 유입될 수 있다. 기업과 정부도 수도권 학생만을 선호하는 엘리트주의를 타파하고 다양한 레벨의 인재를 키워내야 한다.

## 최근 신설되는 대학 내 반도체학과에 대해선 어떻게 생각하나?

└, 서울대도 산업계의 수요를 반영하기 위해 학부 단위에 '시스템반도체전공' 신설을 추진하고 있다. 그 밖에 교육과정에서 좀 더 새롭고 융합적인 내용을 포함시키려 하고, 복수전공 등으로 다양한 수요를 보완하고 있다. 한편으로 대학의 기본은 긴 호흡으로 가는 백년지계가 맞는다고 본다. 기존에 여러 학과에서 하던 것을 계속 잘할 수 있게 해주는 것도 방법이다. 전기정보공학부, 재료공학부, 화학공학부, 산업공학과 등에서도 반도체 관련 연구를 하고 있다. 특정 기술에 대해 새로운 학과를 만들자는 것은 근시안적인 대책일 수 있다. 앞으로 산업계의 변화가 더욱 빨라지고 불확실성이 커질 것이기 때문에 한 가지만 할 수 있는 학생보단 유연하고 다재다능한 학생을 키워내야 한다. 대학에선 기초적인 STEM(과

학 · 기술 · 공학 · 수학) 인력을 키워내고 기업에선 기업 나름대로 사원 재교육 등 산업계 수요에 맞는 인재 양성에 투자해야 한다.

## 우리나라 공대가 세계 톱10 안에 들기 위해선 어떻게 해야 하나?

ㄴ, 인력 교류가 핵심이라고 본다. 국내와 국외를 구분할 것 없이 산업계, 학계 전반적으로 인력 교류를 더 확대해야 한다. 국제화라고 볼 수도 있고 산학협력이라고 볼 수도 있다. 전통적으로 우리가 생각하는 산학협력은 단순한 과제수행형인데, 여기서 더 나아가 인적 교류가 더욱 자유로워져야 한다. 교수들은 해외 공동 연구를 하고, 학생들은 세계적 기업으로 인턴십을 가며, 외부 연구원은 대학에 와서 원하는 교육을 더 받는 식이다. 하지만 외국인 박사후연구원(포닥)이 국내에서 장기 체류하려면 비자 문제가 생길 때가 많고, 교수들이 해외 네트워킹을 하려는데 예산이 부족한 문제도 있다. 이렇게 학부생, 대학원생, 포닥, 교수 등 개별 단위에서 하나하나 인적 교류를 활성화하기 위한 관심이 필요하다.

# 기업과 공대가 함께 인재 키우는 미국·독일

한국에서 미국 실리콘밸리와 같은 혁신 생태계가 형성되기 어려운 이유는 무엇일까. 실리콘밸리의 성공 배경에는 스탠퍼드대 등 대학과 혁신 벤처, 스타트업 사이의 긴밀한 협력이 있었다. 스탠퍼드대는 1891년 설립 초기 졸업생들이 대부분 미국 동부로 일자리를 찾아 떠나며 주변 인프라가 부실했지만, 약 50년 후부터 대학을 중심으로 연구 단지를 조성하면서 제조업체와 창업가가 몰리기 시작했다. 특히 이곳에서 물리학자 윌리엄 쇼클리가 이끄는 연구팀이 실리콘을 이용한 트랜지스터를 발명해 1956년 노벨물리학상을 수상한 이후 유명세를 얻어 전 세계 인재들이 모여드는 실리콘밸리로 탄생했다. 이후 2000년대 들어 애플, 구글, 페이스북 등 첨단 IT기업들이 꽃을 피우며 미국에서 가장 혁신적인 지역으로 꼽

히고 있다. 이렇게 실리콘밸리에서 배출된 성공한 CEO가 모교를 후원하고 후배에게 기업가 정신을 불어넣는 선순환을 이루고 있다. 실리콘밸리뿐만 아니라 영국 런던 임피리얼 칼리지와 테크시티, 중국 베이징대·칭화대와 중관춘 등 대학을 중심으로 한 혁신기술 생태계가 중요한 경쟁력으로 떠오르고 있다. 독일 뮌헨공대의 경우 독일 대기업 및 지방정부와 함께 뮌헨혁신생태계(MUST)의 핵심 역할을 하고 있다.

한편 한국에선 낮은 산학협력. 세계경제포럼(WEF) 분석에 따르면 한국의 산학협력 점수는 4.4점으로 1위 스위스, 11위 말레이시아, 18위 일본에 비해 뒤처지는 성적이다.

국내 대학과 기업 등 혁신 주체들의 상호협력이 부족해 기술 혁신의 효율성이 떨

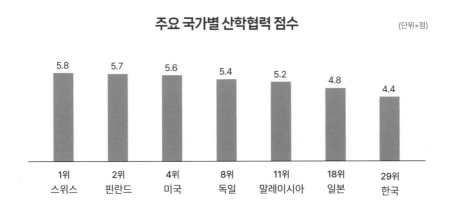

## 주요 국가별 산학협력 점수

(단위=점)

| 5.8 | 5.7 | 5.6 | 5.4 | 5.2 | 4.8 | 4.4 |
|---|---|---|---|---|---|---|
| 1위 스위스 | 2위 핀란드 | 4위 미국 | 8위 독일 | 11위 말레이시아 | 18위 일본 | 29위 한국 |

*2016~2017년 기준.

자료=세계경제포럼(WEF)

어지고, 장기적인 인적 교류에 기반한 협력관계보단 단기 프로젝트성 협력이 대부분이란 지적이 나온다. 4차 산업혁명 시대에 산학협력이 연구개발(R&D)부터 사업화까지 이어져 기업의 미래 혁신 동력을 불어넣고 지역경제 발전에 기여할 수 있단 점에서 국가가 나서 산학협력을 추진할 필요가 있다. 학교별로 산재돼 있는 산학협력을 한데 모으는 글로벌 장기 산학협력 플랫폼을 설치하는 것이 하나의 방법이 될 수 있다. 독일에서는 학계와 기업계 사이의 연결고리 역할을 맡는 연구기관 프라운호퍼가 있다. 프라운호퍼는 독일의 4대 대형 연구기관 중 한 곳으로, 1949년 설립돼 70년이 넘는 역

사를 가지고 있다. 주로 응용과학 중심의 위탁연구를 통해 산업계에서 필요로 하는 기술을 연구개발하며, 특히 자체 연구개발 부서를 갖추고 있지 않은 중소·중견기업들에 혁신적인 기술 노하우를 제공하는 파트너 역할을 한다. 연간 29억유로(약 4조675억원)의 연구 예산 중 86%인 25억유로(약 3조5000억원)를 민간 기업 및 정부 과제를 통한 위탁 연구를 통해 조달하고 있다. 한국에서도 프라운호퍼와 같은 산학협력 플랫폼을 설립해 자유로운 인력 교류와 기술 사업화에 박차를 가해야 한다.

요한 페클
프라운호퍼 국제사업총괄

66

# 4조원 산학연 플랫폼 탄생의 비밀

99

프라운호퍼연구회는 현재 독일 전역에 76 개의 연구소를 운영하고 있으며, 3만명 이상 직원들은 대부분 과학자와 엔지니어들로 이뤄져 있다.

국제사업총괄을 맡고 있는 요한 페클 박사의 이야기를 들어봤다.

**프라운호퍼는 어떻게 탄생했나?**

└, 프라운호퍼는 1949년 3월 26일에 설립돼 2023년 75주년을 기념할 정도로 오래 운영된 기관이다. 연구와 발명과 그리고 펀딩 쪽 이렇게 세 분야에서 활동하고 있다. 1969년 독일 정부에서 베이직 펀딩이라는 투자를 진행하면서 관련 연구기관들에 투자를 하고 있다. 우리는 연구를 통해서 결과물을 내고 수익을 창출하는 방식으로 파이프라인을 만들었다. 독일 전역에 76개의 지사가 있으며, 고객들과 가까이에서 공조할 수 있다는 점이 강점이라고 할 수 있다.

**프라운호퍼가 협력하고 있는 주요 기업들은 어디인가?**

└, 펀딩을 설립한 목적은 기업들의 연구를 도와주고 인프라를 구축하는 것이다.  이렇게 투자하고 협력하는 기관은 2021년 기준 5900여 곳에 달한다. 그리고 이 중에서 30%는 대기업, 주요 정부기관 등이고 나머지 70%는 중소기업이다. 이를 통한 수

익은 77억2900만유로를 달성했다. 기업과의 장기적인 협력에 가장 중요한 것은 신뢰성이라고 생각한다. 74년 동안 운영하면서 기업들과 장기적인 파트너십을 목표로 걸어가고 있다.

**유능한 연구원들은 어떻게 모집하나?**

└, 인재를 모집하는 것이 연구개발 (R&D)에서 가장 중요하다고 생각한다. 하지만 전 세계적으로 이러한 인재들을 모집하는 데 있어서 어려움을 겪고 있다. 그래서 우리 기관은 대학과 연구하는 연계 방법을 선택했다. 우리 기관 연구원이 대학 교수로 활동하면서 자기 연구실을 차리고 학생들과 함께 일을 하기도 한다. 그 학생들 중에서 인재가 있다고 판단이 되면 교수가 추천을 해주기도 한다. 대학과 가까이에서 긴밀하게 공조하고 상호 연계하면서 인재를 모집하고 있다. 이런 과정은 선순환이 된다고 생각한다. 프라운호퍼에 있다가 박사 과정을 밟기 위해서 학교를 가면 우리 기관과 연계해서 연구를 진행할 수 있다. 학업과 함께 연구 프로젝트에 참여하면서 숙련되고 유능한 인재가 돼서 우리와 함께할 수 있다. 대학 연구에 참여하다보면 실무적인 이야기도 들을 수 있고, 이렇게 협력을 하

며 산업과 사회에 긍정적인 기여를 하고 있다고 생각한다. 또 프라운호퍼는 대학에서의 기초 연구가 매우 중요하다고 믿고 있다. 어떤 기술이든 기초 연구에 기반해서 발전하기 때문이다.

**최근에 한국 대학이나 기업과 협력도 있었나.**

└, 프라운호퍼는 2007년부터 서울에 지사를 두고 있다. 한국 기관과도 다양한 교류를 하고 있는데, 대표적으로 프라운호퍼의 이노베이션 플랫폼과 관련해서 부산대와 협력하고 있다. 또 에너지와 관련해서는 울산과학기술원(UNIST)과 함께하고 있다. 함께 연구를 진행하는 동안 가까이에서 서로의 경험과 배경지식을 공유하며 시너지를 냈다. 우리와 함께 한국의 대학과 기업들이 교류를 해줘서 매우 감사했던 기억이 있다.

**독일 정부의 '엑설런스 전략'을 통한 지역 대학과의 협력은 어떤 방식으로 이뤄지나?**

└, 독일 연방정부 기관에서 다양한 연구와 교육 프로그램에 대해서 책임을 가지고 신경을 쓰는 편이다. 연구나 교육의 목적은 국제적인 경쟁력을 갖추도록 만드는 것인데, 교육 시스템에 정부 기관이

참여하는 것이 강점이라고 생각한다. 이런 시스템은 중앙화되지 않고 지역별로 이뤄진다. 엑설런스 전략은 대학의 프로파일링을 강화해 유기적으로 인재를 양성하는 것을 목표로 한다. 대학에서 연구팀을 짜서 경쟁에 참여해 지원을 받는 경쟁 구도의 프로그램이 있다. 프라운호퍼는 대학 연구팀의 주요한 파트너로 로드맵과 전략 구축을 도와주고 국제적으로 어떻게 더 학계에 영향을 줄 수 있을지를 목표로 진행하고 있다. 2차 단계에 선정되는 클러스터나 대학 연구팀 57개 중 15개 정도와 함께 교류하고 자문하고 있다. 엑설런스 전략에 참여하는 연구팀은 좀 더 학계의 기초 연구와 학술적인 부분에 집중하는 경향이 있다.

**한국은 제조업 일자리를 기피하는 현상이 있는데, 독일에서 제조 인력에 대한 대우는 어떤가?**

ㄴ 내가 생각하기에는 아마도 독일의 역사적 배경 때문에 그런 것이 아닐까 싶다. 독일은 매우 강한 제조기업들이 있고 가장 좋은 직업이란 인식이 자리 잡혀 있다. 대학 내에서도 엔지니어로 훈련되는 학생들이 매우 많고, 대학을 졸업하지 않은 근로자들에게도 제조업 일자리는 높

은 연봉과 좋은 근무조건 덕에 매력적인 직업으로 인식된다. 한 기업을 예로 들어보면, 다른 직업보다 평균연봉이 높으면서 근무시간은 한 주에 35시간 정도이기 때문이다. 이런 점이 그들에게 매력적으로 다가가고 있는 것 같다. 대학을 나오든 말든 높은 사회적 지위를 가지게 되고, 독일은 자동차 산업 등 제조업 전통이 매우 오래됐기 때문에 엔지니어링이 일류(Prestigious) 분야로 여겨진다. 영국의 경우 금융업계가 더 좋은 대우를 받으면서 제조업을 기피하는 현상이 나타났다. 하지만 독일은 제조업이 소외되지 않고 주요 분야로 유지될 수 있도록 코로나19 팬데믹 기간에도 전략적으로 대처했던 바 있다.

# 뿌리산업 숙련공이 만들어낸 마법

제조업 경쟁력의 근간이 되는 뿌리산업도 중요성이 더욱 부각되고 있다. 뿌리산업은 주물, 금형 등 공정산업의 특성상 오랜 기간 다양한 경험과 시행착오를 통해 축적된 제조업의 핵심 기초 산업으로, 개발도상국이 쉽게 모방할 수 없는 숙련기술 영역이다. 자동차, 기계, 조선 등 전통 주력 산업뿐만 아니라 로봇, 바이오, 드론, 친환경차, 유기발광다이오드(OLED), 반도체 등 신산업에도 필수 기술이다. 뿌리산업은 위기 때 진가를 발휘하고 있다. 금형 사출기술을 가진 풍림파마텍이 2020년 정부와 삼성전자의 지원으로 최소 잔여형(LDS) 주사기를 대량 생산한 덕분에 코로나19 백신 1병당 투약 인원이 5명에서 7명으로 늘어나는 효과가 있었다. 김종호 삼성전자 스마트공장지원센터장은 "2020년 말 화이자가 주

사 잔량 25㎕(마이크로리터) 미만의 주사기가 필요하다는 것을 알게 됐다"며 "풍림파마텍 기술진과 삼성의 금형 전문가가 모여 잔류량 제로 수준의 세계 최고 주사기를 개발했다"고 밝혔다.

하지만 국내 뿌리산업은 3D 업종으로 인식돼 그 역할이 저평가되면서 점차 시들어가고 있다. 국가뿌리산업진흥센터에 따르면 뿌리산업 산업체 수와 종사자, 매출액은 3년 연속 감소하고 있다. 2018년 165조2000억원이던 국내 6대 뿌리산업 매출액은 2019년 162조3000억원, 2020년 152조7000억원으로 줄어들었다. 연령별 종사자 비중은 2012년 30대 미만이 14.3%를 차지했지만 2020년 10.5%로 감소했고, 같은 기간 50대 이상 비중은 23.4%에서 31.5%로 증가해 기능인력의 고령화 현상이 나타났다. 젊은 층의 제조

## 제조업의 기반 뿌리산업

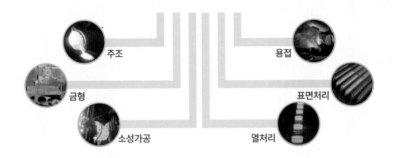

주조  용접
금형  표면처리
소성가공  열처리

업 기피 현상이 심화되면서 국내 청소년 근로자들이 최신 기술을 교류하고 기능을 겨루는 지방 기능경기대회 참여자 역시 10년 만에 반 토막 났다. 한국산업인력공단에 따르면 기능대회 응시자 수는 2013년 8468명에서 2023년 4729명으로 급감했다.

산업통상자원부는 2022년 뿌리산업 지원 예산으로 1916억원을 투입해 연구개발 신규 예타와 특화단지 차세대 공정으로의 확장, 뿌리·ICT 대학원 융·복합 특화과정 개설 등 지원책을 펼쳤다. 하지만 전문가들은 더욱 획기적인 지원책 모색이 필요하다는 입장이다. 특히 뿌리산업에 오랜 기간 종사한 숙련공들의 노하우를 이어가고 역량을 높이기 위한 재교

육 시스템이 부재하단 지적이 나온다. 이정동 서울대 공대 교수는 "80세가 될 때까지 현장에서 끊임없이 새로운 교육을 할 수 있도록 국가 전체가 거대한 제조업 학교가 돼야 한다"며 "2700만 근로자, 그중 제조업 근로자 360만명을 대상으로 제조업 트렌드 변화에 맞는 현장 재교육이 절실하다"고 강조했다. 그러면서 수도권뿐만 아니라 각지에 주축이 되는 제조기업과 지방거점대학 등을 중심으로 실질적인 교육 생태계를 만들어야 한다고 조언했다. 산업통상자원부는 2022년 말 반도체 인력양성을 위한 종합 컨트롤타워인 '반도체 아카데미'를 만들고 삼성전자, SK하이닉스 등 산업계와 학계가 협업해 5년간 현장인력을 3600명 이상 양

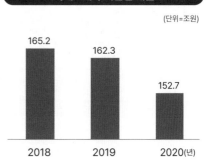

| 지방 기능경기대회 응시자 현황 | 국내 6대 뿌리산업 매출 |
|---|---|

(단위=명)

8468
6172
5357
4729

2013  2018  2021  2023(년)

(단위=조원)

165.2  162.3  152.7

2018  2019  2020(년)

자료=한국산업인력공단

성하는 것을 목표로 했다. 하지만 반도체 아카데미 예산이 당초 계획한 금액에서 50% 이상 삭감된 20억원대 중반으로 확정되면서, 정부의 반도체 인재 양성 의지에 의문이 제기되는 상황이다.

자동차 산업 강국인 독일에선 전기차 시장 확대 흐름에 맞춰 전통 내연기관 기술자들을 재교육해 인력 문제를 해결하려 노력하고 있다. 자동차 부품 및 타이어 분야 대기업인 콘티넨탈, 화학기업 바스프, 종합전자기업 지멘스, 부품기업 보쉬 등 주요 제조 기업들은 인력이 필요한 혁신 산업 분야 기업들과 협의를 통해, 양측이 노동자들이 쉽게 전직할 수 있도록 전직 교육 프로그램을 크게 강화했다. 전통산업의 숙련된 인력들이 소프트웨어

(SW) 등 새로운 분야에서도 커리어를 이어나갈 수 있도록 하는 것이다. 국내에서도 숙련공의 힘으로 중소기업의 생산량을 비약적으로 늘린 사례가 있다. 2020년 코로나19로 마스크와 진단키트 수요가 폭증하자 삼성전자는 중소벤처기업부, 중소기업중앙회와 함께 국내 마스크 제조업체와 진단키트 제조업체 등의 생산량 증대를 위해 스마트공장 사업을 지원했다. E&W, 레스텍, 에버그린, 화진산업 등 국내 마스크 제조업체에 제조 전문가들을 파견해 마스크 생산 향상을 지원했고, 삼성전자의 지원을 받은 마스크 제조업체들의 생산량은 51% 증가했다. 또 보호구 제조업체 오토스윙에 삼성전자 제조 전문가들을 긴급 파견해, 오토스윙

삼성, 마스크 제조업체에 스마트공장 구축 지원.

의 고글 생산량이 한 달 3만개에서 26만 개로 크게 늘어났다. 2022년엔 자가진단 키트 생산업체 젠바디에 스마트공장 구축 전문가 19명을 급파해 생산라인 재배치와 재고관리 시스템 도입 등을 통한 효율적 물류 관리, 젠바디 협력회사의 금형·사출·인쇄 기술 지원 등을 했다.

이와 같은 근로자 재교육과 숙련공의 노하우 전수가 기업·정부·대학 차원에서 연계돼 체계적으로 진행될 필요성이 제기된다. 이정동 교수는 "만 55세가 넘어 퇴직한 고급 인력들이 치킨집 등 자영

업으로 내몰리며 있는 인력도 제대로 활용하지 못하는 상황"이라며 "과거의 대학 체제에서 교육으로 인력을 양성해내기보단, 현장 경험을 통해 사람 대 사람으로 학습할 수 있는 체제로 전환해야 한다"고 말했다. 이를 위해 퇴직 인력을 중소기업의 현장 멘토 또는 심사관으로 채용해 기술 역량을 높이는 데 활용하는 것이 한 가지 방안으로 제시된다. 또 거점별 스마트 숙련공 아카데미를 설치하고, 고용노동부 선정 명장제도를 대폭 강화해 재취업까지 지원하는 체계가 필요하다.

이정동
서울대 공과대학 교수

66

# 현장 근로자를
# AI 전문가로

99

일등 엔지니어 육성은 대학뿐만 아니라 정부와 산업계가 모두 함께 나서야 하는 문제다.

수십 년의 노하우를 가진 제조업 현장의 전문가들이 디지털 역량까지 갖춘다면 생산성이 비약적으로 높아질 수 있을 것이란 관측이 나온다. 이정동 서울대 공과대학 교수는 이를 위해 산업현장에서의 근로자 재교육을 국가적 과제로 강조했다. 이 교수는 한국과학기술한림원 정회원(2020~), 한국공학한림원 정회원(2018~)이며 한국생산성학회 회장(2011)과 한국기업경영학회 회장(2017)을 역임했다.

## 한국 제조업의 가장 큰 문제는 무엇인가?

┗ 사람 문제다. 한 기업 내에서도 디지털 고급 인력이 있는 반면 대다수는 잘 모르는 사람들이라 격차가 크다. 제조현장의 인력이 부족할뿐더러, 디지털화도 안 돼 있는 상황이다. 전국에 인공지능(AI) 대학원은 많지만, 졸업 후 제조업 인력으로 유입될 가능성도 작다. 국가에선 23세 대학생까지 교육한 후 그다음은 기업이 알아서 하라고 손을 떼버린다. 삼성 같은 대기업은 사내 교육 체계가 잘 마련돼 있겠지만, 대다수 공단에선 재

교육이 어려운 게 현실이다. 이 문제를 해결하기 위해선 80세가 될 때까지 현장에서 끊임없이 새로운 교육을 할 수 있도록 국가 전체가 거대한 제조업 학교가 돼야 한다. 2700만 근로자, 그중 제조업 근로자 360만명을 대상으로 재교육을 해야 한다.

## 재교육은 구체적으로 어떻게 이뤄져야 하나?

└ 지방대 캠퍼스를 활용하거나, 반도체산업협회 같은 곳에서 진행하는 교육 프로그램을 전 산업군에 확대하는 것이 방법이 될 수 있다. 삼성전자, SK하이닉스 등 민간 업계가 주도해 정부가 뒷받침하는 '반도체 아카데미'가 설립돼 있는데, 다른 분야에서 일하는 사람들도 반도체에 관심이 있다면 이런 교육을 통해 업계에 진입할 수 있다. 근로자들의 기존 경험까지 활용할 수 있어 더욱 좋다. 이런 아카데미를 모든 산업에 걸쳐서 전국적으로 시행해야 한다. 앞으로 세상이 변화하면서 대학을 졸업한 23세 이후부터 80세까지 일을 해야 하고, 교육이 따라잡을 수 없는 속도로 기술이 발전하고 있다. 하지만 55세가 넘어 퇴직한 고급 인력들이 치킨집 등 자영업으로 내몰리며 있는

인력도 제대로 활용하지 못하는 상황이다. 한 사람이 일생을 살며 3~4번에 걸쳐 변신을 해야 하는데, 대학에 인력 양성을 모두 떠맡기는 건 비현실적인 이야기다. 특히 제조 현장의 디지털화에 대해선 아무도 답을 아는 사람이 없다. 기존에 사람을 키워내는 프레임을 '교육'에서 '학습'으로 바꿔야 한다. 과거의 대학 체제에서 교육으로 인력을 양성해내기보단, 현장 경험을 통해 사람 대 사람으로 학습할 수 있는 체제로 전환해야 하는 것이다.

## 제조업 현장인력 양성은 누가 주도해야 할까?

└ 산업인력 재교육은 기업뿐만 아니라 산업부와 고용부에서 함께 추진해야 할 문제다. 하지만 고용부에서 가지고 있는 산업인력 예산은 2조5000억~3조원가량으로 교육부 예산 100조원에 비하면 매우 적은 수준이다. 교육부 평생교육국 예산은 산업현장 재교육보단 일반 시민교육에 치중하고 있다. 태어나서 23세까지 교육에 쓰는 돈과, 그 후부터 죽을 때까지 투입되는 교육 예산이라고 생각하면 취업 이후의 재교육에 대해선 국가적 관심이 크게 떨어지는 것이다. 하지만 인공

지능(AI)과 디지털 전환 속도가 빨라지는 가운데 산업 현장의 변화는 대학 교육 과정에서는 모두 따라잡을 수 없는 상황이다. 현장에서 실시간으로 일어나는 문제는 현장과 결부된 P2P 방식으로 새로운 인력 양성의 틀이 만들어져야 한다.

## 제조 현장의 스마트 전환은 어떤 방식으로 이뤄져야 하나?

└ 등대공장으로 선정된 포스코가 스마트공장 전환에 성공했던 이유는 AI 전문가가 아니라 현장 전문가가 나섰기 때문이다. 처음에는 포스코도 실패했는데, 그 이유는 AI 전문가가 주도하는 변화에 현장 전문가들이 공감하지 못했기 때문이다. 두 번째는 현장 인력에게 기초적인 디지털 교육을 하고 AI를 통해 어떤 점을 개선하고 싶은지 생각하게끔 해, 그에 맞춰 AI 전문가가 스마트 전환을 하는 식으로 진행해 성공했다. 여기서 알 수 있는 점은 현장에 있는 사람들을 깨워줘야 한다는 것이다. "이걸 AI로 한번 해봤으면 좋겠다"고 말할 수 있게끔 말이다. 지금 스마트공장 솔루션 제공 업체들이 많이 성장했지만, 표준화된 시스템을 만들어도 현장에서 잘 사용되지 않는다. 오히려 스마트공장 시스템이 불편하다고

끄는 경우도 있다. 현장 전문가의 디지털 감수성이 먼저 높아져야 그들이 현장을 변화시킬 수 있다. 이런 제조업 디지털 전환을 이끄는 학교가 전국에 분야별로 설립됐으면 좋겠다.

## 국내 제조기업이 해외로 빠져나가는 현상은 어떻게 해결할 수 있을까?

└ 단순한 현금 뿌리기식 지원으로 저출산 문제를 해결할 수 없듯이, 세금을 감면해주는 등 비용만 고려한다고 해서 한국이 기업하기 좋은 나라가 되는 것은 아니다. 새로운 시도를 할 수 있고 개발 아이디어도 구할 수 있는 환경이 마련돼야 한다. 실리콘밸리로 창업가들이 모이는 이유도 아이디어가 있기 때문이지, 비용을 절감할 수 있어서가 아니다. 비용 문제로만 접근하면 리쇼어링도 어렵다. 생산단가 측면에서 접근하자면 한국은 이미 중국을 이길 수 없는 상황이다. 한국은 싱가포르처럼 국가가 혁신할 수 있는 기회를 제공하는 커다란 테스트베드가 돼야 한다. 최근 만난 한 AI 반도체 스타트업 대표는 삼성전자에서 공장 라인을 제공받아 한국에 들어왔다고 했다. 이런 식으로 제조 공장이 생기고 맞춤형 소량 생산이 가능해지기 때문에 한국에 들

어오는 것처럼, 삼성과 같은 대기업이 강력한 제조 역량을 기반으로 혁신 스타트업을 불러들여야 한다. 한국의 제조업 역량을 더 강력하게 만들고 기업 간 거래(B2B) 기업들과의 밸류체인을 구축해 탄탄한 기반을 마련할 수 있을 것이다.

제조 공장을 산업적 공유재(Industrial Commons)라고 보는 시각도 있다. 공장 한 곳이 사라지면 그곳의 페인트 납품업체가 사라지는 등 줄줄이 연계돼 있기 때문에 제조 기반은 모든 사람들의 공유재라는 개념이다. 이것이 미국이 추진하는 '메이드 인 USA'를 뒷받침하는 핵심이다. 제조업을 등한시하고 서비스업만으로 국가 경제를 키울 수 있다는 건 말도 안 되는 생각이다. 송도에 셀트리온과 삼성바이오로직스가 있으니 바이오 연구개발(R&D)이 활발해지는 것처럼, 테스트를 할 수 있는 기반이 있어야 아이디어가 들어오는 것이다. 그런 제조 기반이 없으면 아이디어가 다른 나라로 팔려서 그 나라의 부가가치가 된다.

돈을 지원해줘서 기업들의 리쇼어링을 돕기보단, 제조업 공유재 생태계를 만들어야 한다. 우리가 아시아의 거대한 제조 허브가 돼서 여러 나라의 혁신적인 아이디어가 제 발로 걸어들어 오게끔 해야 한다. 일본, 동남아 기업들도 화성에 공장을 만들고 싶다는 생각을 할 수 있도록 말이다.

# 인구 감소는 제조업 소멸

산업인력은 저출산과 고령화로 인해 점점 사라지고 있다. 국내 생산가능인구 (15~64세)는 2020년 3738만명에서 2040년 2852만명, 2070년 1737만명으로 급

감할 전망이다. 국내 인력만으론 채울 수 없는 분야에서 외국인 근로자를 적극 유치해 활용해야 하지만, 까다로운 비자와 이민 요건 등으로 인해 제조업 전 분야가

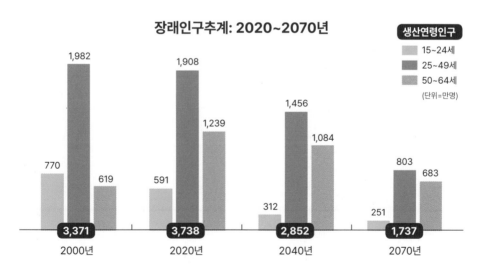

**장래인구추계: 2020~2070년**

생산연령인구
- 15~24세
- 25~49세
- 50~64세

(단위=만명)

| 연도 | 15~24세 | 25~49세 | 50~64세 | 합계 |
|---|---|---|---|---|
| 2000년 | 770 | 1,982 | 619 | 3,371 |
| 2020년 | 591 | 1,908 | 1,239 | 3,738 |
| 2040년 | 312 | 1,456 | 1,084 | 2,852 |
| 2070년 | 251 | 803 | 683 | 1,737 |

*2021년 기준.

자료=통계청

# 주요국의 외국 전문인력 유치 동향과 한국의 과제

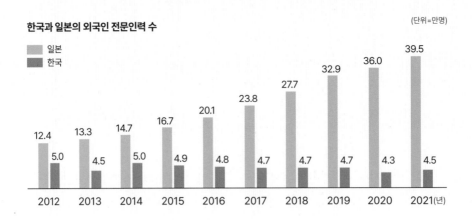

**한국과 일본의 외국인 전문인력 수**                    (단위=만명)

- 일본
- 한국

| 연도 | 일본 | 한국 |
|---|---|---|
| 2012 | 12.4 | 5.0 |
| 2013 | 13.3 | 4.5 |
| 2014 | 14.7 | 5.0 |
| 2015 | 16.7 | 4.9 |
| 2016 | 20.1 | 4.8 |
| 2017 | 23.8 | 4.7 |
| 2018 | 27.7 | 4.7 |
| 2019 | 32.9 | 4.7 |
| 2020 | 36.0 | 4.3 |
| 2021(년) | 39.5 | 4.5 |

**한국과 일본의 외국인 취업자 중 전문인력 비중**          (단위=%)

| 연도 | 일본 | 한국 |
|---|---|---|
| 2012 | 18.2 | 6.4 |
| 2013 | 18.5 | 6.0 |
| 2014 | 18.7 | 5.8 |
| 2015 | 18.4 | 5.2 |
| 2016 | 18.5 | 5.8 |
| 2017 | 18.6 | 5.7 |
| 2018 | 19.0 | 5.3 |
| 2019 | 19.8 | 5.4 |
| 2020 | 20.8 | 5.1 |
| 2021(년) | 22.8 | 5.3 |

*2022년 기준.                              자료=전국경제인연합회, 한국 통계청

인력난에 시달리는 상황이다. 전국경제인연합회 분석에 따르면 한국의 외국 전문인력 활용도는 경쟁국 일본의 5분의 1 수준에 불과하다. 2021년 일본의 외국인 취업자 중 전문인력 비중이 22.8%인 반면 한국은 5.3%에 그쳤다. 한일 간 외국 전문인력 활용도 격차가 큰 것은 한국이 1991년 산업연수생제도(현 고용허가제) 실시 이후 30년 이상 단순 기능인력 중심 외국인력 정책을 지속한 반면, 일본은

2013년부터 일본재흥전략(아베노믹스) 하에 외국인재 유치 정책을 강화한 결과로 분석된다.

한국과 같이 고령화 위기를 마주한 해외 주요국들은 해외 고급 인력을 유치하기 위해 노력하고 있다. 미국, 중국, 유럽연합(EU), 일본, 대만 등은 외국인 전문직 취업비자 요건 완화, 정주 여건 개선 등 해외 인재 유입 여건을 경쟁적으로 확충하고 있다. 미국은 이공계 학생과 과학기술 인재들을 끌어들이기 위해 캐나다, 멕시코, 싱가포르 등 국가별 전문직 취업비자 쿼터를 따로 두고 있다. 여기에 더해 전문 분야에 종사하는 한국 국적자에게 연간 총 1만5000개의 전문직 취업비자를 발급하는 '한국동반자법'이 미 의회에서 논의 중이다.

일본은 2013년부터 고급인재 인정 요건을 완화하고 2015년 고급인재 재류기간 무제한 자격을 신설했다. 여기에 더해 2017년에는 일본 거주 고도외국인재 그린카드제도를 도입해 외국인 연구·경영자의 영주권 취득을 위한 거주기간을 5년에서 1년으로 대폭 축소했다. 일본에서 외국인이 영주권을 얻으려면 통상 10년 이상 거주해야 하지만, 고도전문직의 경우 그 기간이 1년으로 크게 단축되

는 것이다. 그 결과 일본의 외국인 취업자 중 전문인력 비중은 2013년 18.5%에서 2021년 22.8%로 4.3%포인트 증가했다. 최근 들어선 이와 같이 1년 거주만으로도 영주권을 얻을 수 있는 고도전문직 자격을 더 완화했다. 현재 일본에서 고도전문직 자격을 획득하려면 학력, 경력, 수입, 연구 실적 등 각종 지표의 점수를 합산해 일정 기준을 넘어야 한다. 하지만 앞으로 연구자와 기술자는 연봉이 2000만엔(약 1억9400만원) 이상이고 석사 학위가 있거나 경력이 10년 이상이면 영주권 신청에서 우대받을 수 있다. 경영자는 경력이 5년을 넘고 연간 수입이 4000만엔(약 3억9000만원) 이상이면 된다. 또 세계 대학 순위 100위 이내 대학 졸업생이 취업을 위해 입국할 경우 단기 체류기간을 90일에서 2년까지 늘렸다.

중국의 경우 2008년부터 '천인계획'을 통해 첨단기술 연구자, 창업자 등 해외 고급인력 유치 정책을 펼치다 2012년 '만인계획'을 통해 국내외 핵심 인재에게 생활 보조금과 연구비를 지원하고 있다. 2019년에는 '고급외국인 전문가 유치 계획'을 통해 전략 핵심 분야 글로벌 인재, 청년 과학자 등 외국인 인재 유치에 국가 역량을 집중하고 있다. 또 노벨상 수상자, 세

계 일류대학 교수, 학위 취득자 등을 대상으로 최장 10년까지 유효하며 심사와 발급기간을 대폭 단축한 '해외 인재비자 제도'를 도입·실시하고 있다.

EU의 경우에는 2016년 외국 고급인력 및 전문인력 활용 목적으로 블루카드(EU Blue Card) 발급 기준을 기존 EU 회원국 평균 임금의 1.5배 이상이었던 고용계약서상 최저 연봉기준을 낮추고, 1년 이상이었던 고용계약 기간 기준을 6개월로 단축하는 등 완화했다. 대만의 경우 2021년 해외 과학기술·엔지니어링 고급 인재 유치를 위해 외국인 전문가에 대해 임금소득이 300만대만달러(약 1억3000만원) 이상인 경우 초과분의 절반은 과세범위에서 제외하는 등 세제 혜택을 제공하고 비자 등 거주 관련 규정을 완화했다.

한편 한국은 베트남 등 개발도상국을 포함한 전 세계 우수 인재들을 한국으로 끌어들이기에 비자와 영주권의 자격 요건이 너무 까다롭다는 지적이 나온다. 국내의 경우 공대를 졸업한 외국인 유학생들도 한국 취업이 어려워 해외로 떠나고, 한국으로 들어오는 외국인의 대부분은 저숙련 노동자인 상황이다. 전문 인력에게 발급하는 E-7 비자의 경우 2022년 발급 인원이 2만명에 불과했다. E-7 비자를 받을 수 있는 직종이 93개로 한정돼 있고, 석사 학력 또는 5년 이상 근무 경력 등 요건이 까다롭다. 특별요건의 경우에도 세계 500위 기업·대학으로 한정된다. 이 같은 자격 요건을 대폭 완화하고, 미국과 같이 국가별 특별비자를 신설할 필요성이 제기된다. 김봉만 전경련 국제본부장은 "인공지능(AI)과 자동화 등 신기술 발전이 더해지며 인적자원 혁신이 중요해졌고 기술패권경쟁이 가속화하고 있는 만큼 1991년 산업연수생제도 실시 이후 30년 이상 지속 단순 기능인력 중심의 외국인력 정책의 대전환이 시급하다"고 말했다. 또 "정부가 2021년부터 해외 인재의 국내 유입 활성화 정책에 착수한 만큼 미국·중국·일본·대만의 관련 정책에 대한 분석, 외국 전문인력 수요조사 등을 토대로 해외 고급인력에 대한 명확한 타기팅, 수준별 비자제도 우대 등 외국 전문인력의 국내 체류 여건을 획기적으로 개선할 필요가 있다"고 덧붙였다.

# 선진국은 제조업에 '올인'하고 있다

## ● 원맨팀으론 강팀 못 이긴다

세계는 지금 국가대항전으로 제조업 경쟁력 강화에 나서고 있다. 민간기업 단위에서 연구개발을 강화하고, 제조공장의 혁신을 배가하는 수준이 아니다.

정부가 나서 지원법을 만들고, 기업 유치에 사활을 거는 모양새다. 정부와 민간이 협동해 수십조 원대의 기금을 만들어 투자하는 것도 기본이 되고 있다. 인력도 입사 후 잡트레이닝이 아닌 기초와 실용에 맞게 대학과 산학연을 강화하고, 국가 단위에서 해결할 수 없다면, 다른 나라에서라도 전문 숙련공과 엔지니어를 데려올 수 있도록 이민법을 개정하고 있다. 자국의 제조업 성장을 위해 이른바 '올인(All-in)'하는 셈이다.

이른바 원맨팀으로는 경쟁 국가에 도전하기 어렵다. 기업과 정부, 국민, 정치권 등이 원팀으로 움직여야 가능한 구조다.

시장에서는 초강대국인 미국과 중국, G2의 전략에만 주목하지만, 수출을 경제의 핵심으로 하는 독일, 대만, 일본 등 경쟁 국가도 국가 단위로 정책을 입안하고 있다.

먼저 독일은 2011년 산업장비박람회인 '하노버메세'에서 처음으로 인더스트리 4.0 계획을 발표한 이후 산업혁명에 버금가는 제조업 혁신 집중전략을 국가적으로 총동원하고 있다.

ICT(정보통신기술)를 자동차 · 기계 등 제조업에 접목해 모든 생산공정, 조달 및 물류, 서비스까지 통합 관리하는 '스마트 팩토리'를 구축하는 것이 계획의 핵심이다. 공장에 ICT가 접목되면서 효율은 배가되고, 완제품업체와 1~3차 등 협력업체와의 데이터 공유를 통해 탈탄소 전략까지 통합적으로 운영할 예정이다.

# 첨단 제조산업 국가대항전

| | 전략 | 대표 방안 |
|---|---|---|
| 독일 | 인더스트리 4.0 | 신기술 지원법 + 스마트 숙련공 이민법 |
| 대만 | 경제발전 2.0 | 첨단 클러스터 조성 +리쇼어링 기업 8%과세 |
| 일본 | 소사이어티 5.0 | 탈탄소 50조원 기금, 도쿄 공대 정원 확대 |

**한국은?** - 국회서 낮잠 자는 산업 관련 법안

- 조세특례제안법 개정안(K칩스)
- 미래차 전환 및 생태계 활성화 안
- 수소경제 육성 및 안전관리 방안

총 690개 법안 계류 중

기존 공장을 ICT로 혁신한다면 첨단기술은 국가적으로 지원하고, 첨단기술에 기여할 수 있는 숙련공과 엔지니어는 이민법을 개정해서라도 유치하는 노력을 병행하고 있다.

대만은 6대 핵심 전략산업 추진 방안을 마련하고 정보디지털 및 민생전략비축물자 산업 분야에 대한 육성을 추진하고 있다. 특히 정보디지털 산업 분야에서 반도체 첨단제조공정과 반도체기술 연구개발 강화를 목표로 지원 방안을 마련하고, 국가 주요 산업에 대해서는 원료와 소재는 전략물자의 비축과 생산 능력 향상을 위해 소위 소재, 부품의 자주화를 지원할 예정이다.

또, 국가발전위원회 주도로 경제발전 2.0 전략을 발표하고, 디지털화를 중심으로 제조업 전반에 대해 경쟁력 향상을 꾀하고 있다.

구체적으로는 반도체의 제조 기반 경쟁력 강화와 투자 유치 확대를 위해 과학단지를 신설·확장하고 기존 공장면적을 최대 6배 늘리며, 토지, 수자원, 전력, 소재 공급의 원활한 인프라 조성에도 나서고 있다.

글로벌 블록화에 대비해서는 리쇼어링 기업에 대한 세제혜택안을 내놓았다. 본국으로 회귀하는 기업에 대해 첫해 8%만 과세를 실시하는 등 특혜성 지원책을 실시하고 있다. 또 투자액에 대해서는 5% 세금 환급 규정도 신설했다.

일본도 첨단제조업을 중심으로로 '잃어버린 20년'을 회복할 계획이다. 일본 정부는 2016년 '신산업구조비전: 제4차 산업혁명을 리드하는 일본의 전략'을 발표했고, '일본재흥전략 2016: 제4차 산업혁명을 향해'를 잇달아 발표하는 등 적극적인 행보에 나서고 있다.

일본 정부의 4차 산업혁명 전략은 빅데이터·인재 육성, 혁신·기술 개발 가속화, 금융 기능 강화, 산업구조·취업구조 전환 원활화, 4차 산업혁명의 중소기업 및 지역경제로의 파급, 4차 산업혁명에 대비한 경제사회 시스템 고도화 등 7개 세부 정책으로 구성됐다. 일본은 빅데

이터를 활용하고 산업구조를 4차 산업혁명에 맞게 전환하고, 이와 함께 경제사회 시스템을 고도화하는 데 초점을 두고 있다.

최근에는 반도체 제조시장에 다시 뛰어들었고, 대만의 파운드리 강자 TSMC 공장을 유치하기도 했다. 인력 양성을 위해서는 영주권 규정을 개정했고, 공과대 경쟁력을 향상시키기 위해 도쿄도 내 공대 인원 제한 규제를 풀기도 했다. 50조원대로 조성한 탈탄소기금은 기업들의 넷제로 도전에 지원할 방침이다.

# 정치권 어시스트, 기업의 득점

## ● 표류하는 한국 제조업, 더 심각해진 노사, 뭉쳐야 산다

한국은 고질적인 정쟁과 분열로 산업 정책은 표류하고, 기업 혼자 고군분투하는 험로가 지속되고 있다.

매일경제신문이 대한상공회의소에 의뢰한 '한국 내 제조업에 대한 인식 조사'에 따르면, 미국과 중국 등 글로벌 제조업 경쟁력 강화 현상에 한국 기업의 타격이 커지고 있는 것으로 나타났다. 특히 미국이 공격적으로 자국에 글로벌 회사의 공장을 유치하는 정책에 대해서는 '타격이 있다'는 응답이 전체의 67.5%에 달했다. 또, 중국의 자국산업 육성 정책으로 인한 한국 기업의 피해도 큰 것으로 조사됐다. '타격이 있다'는 응답자가 86%를 넘었다. 한국의 주력 업종인 전자, 자동차, 석유화학, 철강 등 주요 제조사들은 기술과 노사 문제에서 가장 큰 위협을 받고 있었다. 기업들은 발전을 막는 최대 요인으로

| 미국 내 공장 유치 영향은? |
|---|
| 타격 있다<br>**68%** |

| 중국의 한국산 중간재 대체 영향은? |
|---|
| 타격 있다<br>**86%** |

| 한국 제조업의 성장 막는 요인은? | 산업 발전 발목 잡는 노조 형태 |
|---|---|
| 강성노조<br>**27%** | 1. 대화 없는 투쟁<br>2. 고의적 작업 지연<br>3. 전문성 없는 노조 관계인 채용 강요<br>4. 경영 상황 아랑곳 않는 과도한 격려금<br>   요구 |

'신기술 부족'(30.6%)과 '노사갈등 및 강성노조'(26.7%)를 꼽기도 했다.

조사는 2023년 2월 13일부터 2월 16일까지 국내 제조기업 635개사를 대상으로 진행되었으며, 206개 기업이 응답한 결과다.

이 밖에도 최근 정부가 노동조합의 투명화를 강조하면서 '노조회계 투명성을 골자로 한 노조개혁'에 대해서는 10명 중 8명 이상의 국민이 동의하는 것으로 조사됐다.

시장에서는 노조의 대화 없는 투쟁, 고의 작업 지연, 전문성 없는 노조 관계인 채용, 과도한 격려금 요구 등 노조의 무분별한 발목 잡기에 대한 문제점을 인식하고 있다.

노사갈등을 노사 화해, 통합으로 전향시켜 기업과 노사가 함께 경제위기를 극복하는 이상향에 대한 요구가 더욱 커지고 있는 셈이다.

정권 교체를 막론하고 이어지는 정쟁은 정부나 국민이 원하는 산업진흥법안 통과를 지연시키고 있다. 국회의안정보시스템에 따르면, 이번 21대 국회에서 산업 관련 법안은 약 700개가 표류 중인 상태다. 여야의 당리당략에 따라, 산업과 민생이 뒷전으로 밀려 있는 형국이다.

예컨대 국가의 명운이 걸린 대표적인 첨단산업 반도체는 대만이나 일본과 달리 진흥책이 되어야 할 정부 정책이 표류하며 기회를 잃어가고 있다.

이른바 'K칩스법'은 국회에서 하세월인 상태다. 관련 '조세특례제한법'은 2022년부터 지속적으로 지연되고 있다. 'K칩스

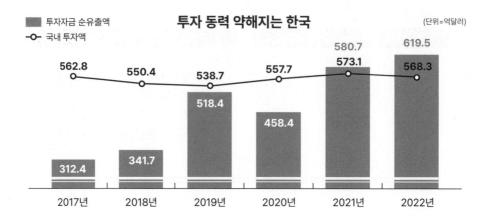

**투자 동력 약해지는 한국**

(단위=억달러)

■ 투자자금 순유출액
─○─ 국내 투자액

| | 2017년 | 2018년 | 2019년 | 2020년 | 2021년 | 2022년 |
|---|---|---|---|---|---|---|
| 국내 투자액 | 562.8 | 550.4 | 538.7 | 557.7 | 580.7 | 619.5 |
| | | | | | 573.1 | 568.3 |
| 투자자금 순유출액 | 312.4 | 341.7 | 518.4 | 458.4 | | |

*총투자액은 총고정자본 형성, 순유출액은 내국인 해외직접투자(ODI)에서 외국인 국내직접투자(FDI)를 뺀 값.　자료=기획재정부, 산업통상자원부, 한국은행
*2022년 순유출액은 추정치.

법'으로 불리는 조세특례제한법 개정안은 반도체 등 국가전략기술 시설 투자에 관한 세액공제율을 현행 8%(대기업 기준)에서 15%로 상향하는 방안을 핵심으로 한다. 지난해 대비 투자 증가분에 대한 10%의 임시공제까지 포함하면 최대 25%의 투자세액공제가 가능해진다.

정부는 "반도체는 규모의 경제가 작동하는 분야로 막대한 설비투자 없이는 진입이 불가능해 대기업이 선도할 수밖에 없는 구조"라고 법안의 타당성을 호소하고 있다.

전문가들은 미국을 필두로 주요 국가들이 기업 투자를 유치하기 위해 공격적으로 인센티브를 내놓고 있는 점을 투자 위축의 한 원인으로 지목했다. 또 투자 불씨를 되살리기 위해 기업 규제 완화와 주요 산업 세액공제 확대가 시급하다는 시각이다.

글로벌 경쟁 국가 대비 낮은 지원책은 투자 감소를 불러오고 있다. 2022년 해외로 빠져나간 투자자금은 619억5000만달러로 역대 최대를 기록한 것으로 추산된다. 투자자금 순유출액은 내국인 해외직접투자(ODI)에서 외국인 국내직접투자(FDI)를 뺀 값이다.

# 제조업 팀코리아 전략

세계 경제의 새로운 패러다임인 탈세계화(블록화), 디지털화, 탈탄소화 흐름 속에 한국의 경쟁국들은 정부와 정치권, 기업, 국민이 단결해 국가의 제조 경쟁력 향상에 도전하고 있다.

제조업은 특히 위기 속에 국가와 국민을 지탱해줄 수 있는 기반으로, 코로나 팬데믹 상황에서도 국가경제를 떠받치고 위기에 즉시 대응할 수 있는 힘을 발휘했다.

이를 극복하기 위해 한국의 제조업은 경쟁 국가가 넘볼 수 없는 기술 진입장벽을 쌓는 첨단 파운드리로서의 진화가 시급하다. 세계 어느 나라, 누가 새 제품을 설계·개발하더라도 양산은 한국에서 할 수밖에 없는 첨단 제조기지가 한국이 된다면 장기적인 고부가가치를 거두면서 제조강국으로서 면모를 갖출 수 있기 때문이다.

또 첨단 파운드리를 중심으로 형성된 전자, 전기, 철강, 조선, 자동차, 항공우주, 원자력, 플랜트 등의 생태계를 현재 7만개 수준에서 더욱 탄탄하게 만들어 10만, 20만개로 늘리는 토대를 만들어 갈 수 있을 것이다. 이들 기업의 데이터를 이을 수 있는 K밸류체인은 인공지능으로 진화시키면서 디지털화와 미래 탈탄소 흐름을 주도할 수 있는 선진 제조업의 위용을 갖출 수 있을 것이다.

과거 한국의 제조업이 양적으로 성장해 왔다면, 앞으로는 첨단 고부가가치 업종, 디지털화, 탈탄소화 등 미래 성장동력을 갖춘 질적 성장으로 한국을 '제조 강국, G5 도약의 길'로 이끌어 주길 기대한다.

# 참고문헌

» 독일의 스마트제조혁신 정책 분석/과학기술정책연구원/오윤환 외 6명/2021년

» 한국 중화학공업 오디세이/알에이치코리아/김광모/2017년

» 한국 엔지니어의 형성과 발전/들녘/한경희/2021년

» 코로나19 이후 유로 지역 내 경제력 격차 현황 및 시사점/한국은행/2021년

» 주요 유럽 국가의 제조업 부활을 위한 정책 방향 및 과제/KDI/문우식/2019년

» AI, 빅데이터로 거듭나는 중국 스마트제조 트렌드 및 사례/코트라/고성호/2022년

» 2021년 일본 제조백서로 본 일본 제조업 생존전략/코트라/안재현/2021년

» '사우디 비전 2030' 추진 동향 및 협력 시사점/대외경제정책연구원/정재욱 외 2명/2019년

» 중동 주요국 제조업 활성화 정책과 대응방안/코트라/2019년

» 세계경제사/로버트 C. 앨런/교유서가/2017년

» 왜 제조업 르네상스인가/개리 피사노, 윌리 시/ 지식노마드/2019년

» 반도체 산업 글로벌 공급망의 구조적 변화와 시사점/현대경제연구원/2022년

» 세계 수출시장 1위 품목으로 본 우리 수출의 경쟁력 현황/한국무역협회/2022년

» 기업 벤처링 트렌드와 시사점/한국무역협회 국제무역통상연구원/2021년.

» 스타트업계의 지속 성장과 애로 해소를 위한 설문조사/한국무역협회/2022년

» 2022년도 산업기술인력 수급 실태조사/산업통상자원부·한국산업기술진흥원/2022년

» 제조업 근로자 고령화 보고서/전국경제인연합회/2022년

» 과학기술정보통신부로부터 받은 '연도별 이공계 학생 유출입 현황'/김영주 더불어민주당 의원실/2022년

» 뿌리산업백서/국가뿌리산업진흥센터/2022년

» 주요국의 외국 전문인력 유치 동향과 한국의 과제/전국경제인연합회/2022년

» 장래인구추계: 2020~2070년/통계청/2021년

» 한국형 스마트 제조전략/산업연구원/정은미 등/2019년

» 제조업의 미래 II, 제조업의 서비스화 사례와 우리 기업의 혁신전략/한국무역협회/양지원 등/2022년

# MK Edition
## 베스트셀러 시리즈

### 코린이를 위한
### 코인의 모든 것

코인에 대해 알기 쉽게 풀이한
암호화폐 투자 입문서

### 메린이를 위한
### 메타버스의 모든 것

불쑥 다가온 '또다른 세상' 가상현실
메타버스로 돈 버는법 올 가이드

### 윤석열 시대
### 파워 엘리트

새 정부·새 시대를 이끌
150명 인물들에 대한 완벽 분석

### 신용산시대

경제·문화·교통의 중심, 용산
용산을 알아야 돈이 보인다

### K스타트업 업계 지도

한국의 일론 머스크를 꿈꾸는 스타트업들
핀테크·로봇 등 15개 분야별
유망 기업 소개

### 시크릿 여행지

여행 전문기자들이 직접 다녀온
전국 방방곡곡 숨은 여행지 34선

### 매경아웃룩
### 대예측 2023

주식·부동산 투자전략,
경영계획 수립의 나침반 시계제로의
경제상황 헤치고 나갈 전략 지침서

### 미래 10년,
### 빅테크로 미리보기

구독자 7만명
우리나라 대표 테크 뉴스레터
미라클레터가 들려주는
빅테크들의 속내

### 부자되는 풍수,
### 기업 살리는 풍수

운명은 못바꾸지만,
환경 즉 풍수는 바꿀 수 있다
사람과 기업의 운을 상승시키는
풍수의 비밀

### 포스트 코로나
### 신상권 지도

코로나 팬데믹이 바꿔놓은
서울 상권 지도 카드매출 분석과
현장취재로 '완벽 정복'

### 농업,
### 트렌드가 되다

전세계 VC들의 최대 투자처가 된
애그테크 ICT 기술과 결합돼
첨단산업으로 부상한 농업의 미래

### 챗GPT
### 어디까지 써봤니

인류의 미래를 바꿀 챗GPT를
비즈니스와 생활에 어떻게 활용하고,
어떻게 돈을 벌 수 있을지 알려준다

### 일타재테크

경제, 주식, 부동산, 코인 분야에서
취재와 연구를 20년 가까이 해온
'재테크 일타강사'들이 제시하는
혼란기의 재테크 노하우